ANNIE LIONNET

evergreen

EVERGREEN is an imprint of TASCHEN GmbH

Copyright © de esta edición:
2003 TASCHEN GmbH
Hohenzollernring 53, D-50672 Köln
www.taschen.com

Este libro ha sido concebido, diseñado y producido por
THE IVY PRESS LIMITED,
The Old Candlemakers, Lewes, East Sussex BN7 2NZ
Director artístico Peter Bridgewater
Directora editorial Sophie Collins
Diseñadores Kevin Knight, Jane Lanaway, Alistair Plumb
Autores de la edición Rowan Davies and April McCroskie
Investigadora de imágenes Vanessa Fletcher
Fotografía Guy Ryecart
Organización fotográfica Kay MacMullan
Ilustraciones Sarah Young, Lesley Ann Hutchings
Copyright © 2001 The Ivy Press Limited

Producción completa de la edición española:
akapit Verlagsservice Berlin – Saarbrücken (www.akapit.de)
Traducción del inglés: Eva María Espinosa Santana (akapit Verlagsservice)
Correctores: Jorge Vitón Tamayo & Karin Porstmann (akapit Verlagsservice)

Printed in China

ISBN 3-8228-2482-8

Los consejos y recomendaciones incluidos en
este libro han sido elaborados y revisados
cuidadosamente por sus autores y por la editorial según su leal saber y entender. Sin embargo
no es posible asumir la responsabilidad o dar
garantías por su contenido.

CONTENIDO

Cómo usar esta guía   **6**

Los misterios del tarot   **8**

Definición del tarot   **10**

Las cartas y su significado   **34**

El tarot en acción   **142**

Glosario   216
Otros títulos de esta serie   218
Direcciones de interés   220
Índice   222
Agradecimientos   224

Variedad
Existen muchos modelos de tarot entre los que elegir.

CÓMO USAR ESTA GUÍA

Para facilitar el uso de *Los secretos del Tarot* se ha dividido en tres capítulos. El primero expone toda la información básica necesaria sobre la historia y el desarrollo del tarot. El segundo explica cada carta y su significado. En el capítulo final se muestra cómo poner en práctica lo aprendido, mediante el estudio de casos prácticos a modo de ejemplo.

Importante
Incluso en la actualidad se vierten sospechas sobre el tarot. No existe absolutamente nada que temer del tarot, debido a que las cartas son simplemente un antiguo método de adivinación que nos permite comprender los patrones espirituales y las aspiraciones que pasan por nuestras vidas. Sin embargo, es importante fomentar una actitud de respeto hacia las cartas y sus imágenes sagradas. Así se creará una relación segura, feliz y provechosa con el tarot.

Información práctica
Las páginas prácticas como ésta le explican los diferentes elementos de la lectura de tarot.

INTUICIÓN Y ARMONÍA

La sacerdotisa y la emperatriz pueden representar tanto a una mujer importante como el lado femenino del consultante. La sacerdotisa indica el lado intuitivo de la naturaleza del consultante, el subconsciente, a menudo sentimientos y dones escondidos. La emperatriz representa la naturaleza y armonía cíclicas del mundo natural, y nos recuerda su crecimiento y productividad. El bienestar físico y emocional también desempeñan un importante papel.

Floral
La sacerdotisa del Tarot Universal Waite.

Real
La emperatriz del Tarot Morgan-Greer.

Importante
La sacerdotisa, el Tarot Egipcio Ibis.

Fuerte
Atenea se concentra en la imagen que ejerce su fuerza y feminidad.

Estilizado
La emperatriz del Tarot de la Madre Paz.

Guías de cartas
Guía aclaratoria de cada grupo de cartas.

Cuatro reinas

Distante
La reina de espadas se enfrenta a la vida, pero a menudo se puede sentir emocionalmente.

Reina de bastos
La reina de bastos es una mujer socia-ble, cálida, de buen corazón, leal e independiente. También es extrovertida, generosa y popular, y su naturaleza compasiva lleva a los demás a confiar en ella. Utiliza su intuición tanto en lo personal como en lo profesional y, en una cima de casas y mujer de negocios capacitada. Esta carta sugiere que el consultante está listo para expresar las mismas cualidades.

Reina de copas
La reina de copas tiene una natura-leza intuitiva muy desarrollada y sintoniza con su mundo interior. También puede poseer habilidades psíquicas. Su naturaleza cariñosa y sensibilidad hacia los demás la hace una amiga maravillosa, y a menudo será una fuente de apoyo para los demás. Si el consultante elige esta carta, indica que necesita desarrollar una re-lación más profunda con su yo interior, así conocerá mejor sus sentimientos.

Reina de oros
La reina de oros es práctica, capaz e independiente. Es muy trabajadora y su buena ingresos le aportan comodidades y seguridad. Aunque pueda ser materialista, también puede ser generosa con los demás. En lo feliz en casa como en su trabajo. Esta carta sugiere que el consultante tendrá la oportunidad de ganar más dinero o alcanzar algo de gran valor, o contará a una mujer que facilite este proceso y actúe como gran fuente de apoyo.

Reina de espadas
La reina de espadas es fuerte e inteli-gente, y bastante reservada. A pesar de, o debido a, su fuerza e importancia, puede sentirse aislada emocionalmente y sola. Tradicionalmente esta carta representa a una viuda o divorciada o una mujer que prefiere ser independiente.

La reina de espadas se defiende contra la vulnerabilidad y espera cosas razonables, lo que le aleja de la de-más. Sus puntos fuertes son su mente aguda y calculadora, y su naturaleza asertiva, pero puede ser intolerante y crítica. Si el consultante se identifica con estas características, deberá abor-dar cómo crearás que le limitan, y permitir que otras personas le puedan cuidar lo necesita.

Madurez

Las reinas representan a mujeres. El consul-tante debe tomar las piezas en alguien conectado con estas cualidades o puede que se trate de facetas de sí mismo.

Detalladamente
Algunas páginas complementan las directrices, explicando cada carta detallada-mente.

LA TIRADA DE LAS OPCIONES: 2

Jackie (2.) atraía había estado saliendo con su novio Alan desde los 18 años. Se habían hecho a la idea de que acabarían casándose. Sin embargo, unas semanas antes de llegar a la lectura, conoció a David. Era una años mayor que ella, había estado casado y se había divorciado recientemente. Se atrajeron de forma inmediata, lo que conduciría a Jackie. No sabía si continuar con su novio o acabar la relación. No sabía a seguir sintió a David.

Estudio práctico

Aplicación
Estas páginas le muestran los aspec-tos prácticos de la lectura de cartas mediante el estudio de casos prácticos.

Los misterios del tarot

La aguadora
La aguadora vierte agua de dos jarras, mezclando los diferentes aspectos de la vida.

El tarot pertenenece a la tradición occidental y es uno de los sistemas de predicción y adivinación más enigmáticos. Incluso el origen del tarot permanece envuelto en un velo de misterio. Tampoco se sabe exactamente cómo funciona el tarot o cómo es capaz de reflejar nuestra situación actual. Este hecho continúa fascinando a todo aquél que ha consultado el tarot a lo largo de los siglos que lleva existiendo. Algunas personas creen en la presencia de una inteligencia superior que de alguna forma dirije el barajar y la elección de las cartas, de manera que aparezcan las cartas correctas en el orden correcto. Otras personas creen que al consultar las cartas entra en juego la teoría de la sincronicidad de Carl Jung. Éste sugiere que todo lo que hay en el universo está conectado y que nuestro mundo exterior es un espejo del interior. Debido a que no existe realidad separada alguna, la pregunta realizada aparecerá reflejada en la elección de la carta. Aunque esta teoría resulta algo inverosímil y la elección de las cartas, arbitraria, cada carta parece contener un simbolismo y el poder de interpretar sucesos de forma exacta.

Adivinación y simbolismo

En todo el mundo se han desarrollado lenguajes simbólicos para acceder a los secretos de la psique humana. Esto recibe el nombre de adivinación, del latín *divinare* que significa "adivinar". Al consultar las cartas realizamos un acto de adivinación y tratamos de comprender los patrones y aspiraciones espirituales, y las motivaciones escondidas que sirven de base a nuestra vida. Los símbolos e imágenes que aparecen en el tarot hacen de puente entre el consciente y el inconsciente, y nos ponen en contacto con nuestros puntos fuertes y débiles, nuestro potencial, y los aspectos de nuestra naturaleza que en ocasiones nos socavan o no permiten el desarrollo de dicho potencial.

El simbolismo mítico del tarot describe nuestro viaje por la vida y abarca todas las experiencias arquetípicas que probablemente tendremos. Esta codificación simbólica contiene los secretos del corazón humano y, según algunos, la ley divina del universo. Comprender los misterios del tarot es comprender el misterio de nuestra propia vida y el anteproyecto que llevamos dentro.

El yo interno

Las cartas de tarot pueden usarse para acceder a nuestra psique interior y descubrir más sobre nosotros mismos al tratar todas las facetas de nuestra naturaleza.

DEFINICIÓN DEL TAROT

El Tarot es un libro de sabiduría y conocimiento representados en imágenes y símbolos. Al elegir una carta, ésta refleja una imagen interior de sí mismo/a o una experiencia exterior. Asimismo, revela el significado de esa situación en concreto. En ocasiones le confirma algo que ya sabe sobre sí mismo/a, pero a veces la verdad que se le presenta le coge por sorpresa. Todos poseemos una capacidad intuitiva natural en la que no siempre confiamos por completo. Trabajar con los símbolos y las imágenes del tarot puede ayudarnos a desarrollar esa capacidad innata, de forma que podamos armonizar mejor con nuestro yo más profundo y utilizar la intuición en nuestra vida diaria.

Origen e historia del tarot

Origen italiano
Se considera que las raíces del tarot moderno se encuentran en la Italia renacentista.

El origen del tarot se ve empañado por el tiempo y existe mucha especulación sobre cuándo fue la primera vez en utilizarse. Algunas personas dicen que sus raíces deben buscarse en Egipto, China, India o Persia, pero la verdad se nos escurre de las manos. Una teoría sugiere que los gitanos la introdujeron a Europa, pero de lo que podemos estar más seguros es de que el tarot como lo conocemos hoy en día se remonta al Renacimiento. En el siglo XV una familia aristócrata italiana encargó pintar barajas de tarot. Actualmente éstas se hallan en museos y colecciones privadas, pero una de ellas, que permanece virtualmente intacta, contiene las 78 cartas estándar que se utilizan hoy en día.

Origen del diseño del tarot

Muchas barajas iniciales son de diseño francés; un ejemplo conocido es el "Tarot de Marsella". En el siglo XVII los italianos dejaron de fabricar cartas y empezaron a importarlas de Francia. La baraja de 78 cartas se ha utilizado de muchas formas diferentes a lo largo de los siglos que lleva existiendo, aunque es más que probable que en sus orígenes se usara como un juego de cartas llamado *tarot* en Francia y *tarocco* en Italia.

Asociaciones con el diablo

Durante la Edad Media la Iglesia quemó muchas barajas de cartas de tarot, pues se oponía totalmente a sus imágenes paganas. Todavía hoy se refiere al tarot como el "libro de imágenes del diablo", es temido y se le arrojan sospechas. Algunas de las barajas más antiguas sustituyeron las cartas del Papa y la Papisa por El sumo sacerdote y la Sacerdotisa para evitar asociaciones católicorromanas.

A pesar de la oposición religiosa, los juegos de cartas, ya sea por diversión, juego o adivinación, continuaron floreciendo. No obstante, a finales del siglo XVIII quedó manifiesto el significado esotérico y adivinatorio de las cartas y con esto se suelen asociar hoy.

Tarot de Marsella

Esta baraja del siglo XVI influyó en gran manera en el diseño de las cartas. A lo largo de la presente guía le presentaremos un surtido de barajas de tarot.

CONTENIDO DE UNA BARAJA El

tarot está formado por 78 cartas y dividido en los arcanos mayores y los arcanos menores, del latín *arcanum* que significa "misterio" o "secreto".

EL MAGO

LA SACERDOTISA

LA EMPERATRIZ

EL EMPERADOR

EL SUMO SACERDOTE

LOS ENAMORADOS

EL CARRO

LA FUERZA

EL ERMITAÑO

LA RUEDA DE LA FORTUNA

LA JUSTICIA

EL COLGADO

LA MUERTE

LA TEMPLANZA

EL DIABLO

LA TORRE

LA ESTRELLA

LA LUNA

EL SOL

EL JUICIO

EL MUNDO

EL LOCO

Los arcanos mayores
Las 22 cartas resprentan diferentes fases del desarrollo humano.

Los arcanos menores
Las 56 cartas extienden los temas de los arcanos mayores e indican posibles sucesos futuros.

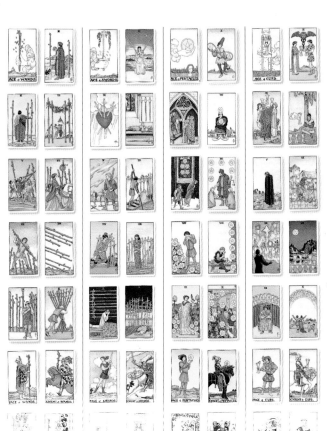

LOS BASTOS   LAS ESPADAS   LOS OROS   LAS COPAS

Simbolismo: arcanos mayores y arcanos menores

La templanza

Éste es uno de los 22 arcanos mayores, que reflejan sucesos importantes de nuestra vida.

Los arcanos mayores son 22 cartas numeradas del 1 al 21 y la carta no numerada del Loco. Éstos son los triunfos del tarot, y su poderoso simbolismo refleja los sucesos más importantes de nuestra vida. Los arcanos menores consisten en 56 cartas formadas por cuatro palos: copas, bastos, oros y espadas. Cada palo tiene 14 cartas del as al 10, conocidas como las cartas numeradas, más cuatro figuras: el paje, el caballero, la reina y el rey. Los arcanos menores ofrecen información muy específica sobre nuestras circunstancias y experiencias, e indican la dirección que llevará el consultante (la persona a la que se le leen las cartas). El significado de cada arcano menor incorpora el significado asociado al elemento de cada palo y el número de las cartas de puntos. También se tiene en cuenta el género de las figuras.

Principios complementarios

A lo largo de la historia muchas disciplinas espirituales han hablado de dos principios universales opuestos pero complementarios. Los chinos los llaman *yin* y *yang*, el principio femenino y masculino. Cuando una persona se siente equilibrada psicológicamente y "plena" tiene integrados tanto rasgos femeninos como masculinos. Muchos arcanos mayores representan aspectos tanto del

principio femenino como del masculino.
En los arcanos menores los palos
bastos y espadas son masculinos; las
copas y oros, femeninos.

Temas simbólicos

Tres son los temas simbólicos más importantes del tarot: el género, los
números y los elementos. Los números
también están asociados con los principios masculino y femenino. El
significado de cada arcano menor se
basa en gran medida en su número, así
como en el palo al que pertenece. El
significado de los arcanos mayores
numerados es menor: cada naipe
puede identificarse sin un número. El
fuego y el aire se asocian con rasgos
masculinos, y el agua y la tierra, con lo
femenino.

Los cuatro palos

Se puede aprender más sobre los cuatro palos de los arcanos menores en las pág.
84-141.

Con estilo
Lo mejor es que elija la baraja según el diseño y estilo que más le guste.

ELECCIÓN DE UNA BARAJA

Existe un gran número de barajas de tarot entre las que elegir, cada una con su propia historia y diseño. Aunque cada baraja ha evolucionado de forma única y las imágenes pictóricas de los naipes pueden diferir considerablemente, la esencia de lo que dice cada naipe es la misma. Es importante elegir una baraja que estimule su imaginación y tenga un estilo visual que le verdaderamente le guste.

Franceses
Los enamorados del Tarot de Marsella.

Egipcios
Los enamorados del Tarot Egipcios Kier.

Espirituales
Los enamorados del Tarot del espíritu.

Históricos
*Los enamorados del .
Tarot Visconti Sforza.*

Artísticos
*Los enamorados del Tarot
Morgan-Greer.*

VI — THE LOVERS

VI

THE LOVERS

Orient les
*os e amorados del ar
ukiyoe.*

Desarrollo del diseño

La Torá
Gran parte del misticismo judío se basa en la Torá.

La baraja de 78 naipes actual proviene de Italia, pero fueron los diseños de la baraja de Marsella los que devinieron estándar. A finales del siglo XIX tres miembros de la Societas Rosicruciana formaron la Orden hermética del amanecer dorado, lo que significó un punto de inflexión en el desarrollo del tarot.

El Amanecer dorado

Miembros de la Orden hermética del amanecer dorado desarrollaron la correlación entre la cábala, el elemento místico del judaísmo, la creencia cabalista en los 22 caminos del Árbol de la vida y el tarot. Uno de sus fundadores, Samuel McGregor Mathers, cambió la secuencia numérica de los arcanos mayores y colocó al Loco delante del naipe número 1 en lugar de después del naipe número 21. Asimismo cambió los naipes de La fuerza y La justicia. La Orden también incorporó la astrología a sus interpretaciones y extendió la correlación entre el tarot y los elementos astrológicos, planetas y signos del zodíaco.

La baraja de Thoth

Aleister Crowley se unió a la Orden en 1898, pero tras algunos desacuerdos, la abandonó y en 1905 formó su propia orden, Argentum Astrum. Sus enseñanzas sobre tarot elaboraron y extendieron las del Amanecer dorado y son extremadamente complejas. Reinterpretó el simbolismo del tarot y diseñó su propia baraja, conocida con el nombre de baraja de Thoth. Creía que El loco debía ser el primer naipe de la secuencia de arcanos mayores y llevar el número 0.

La baraja Rider-Waite

En 1916 otro miembro del Amanecer dorado, Arthur Edward Waite, trabajó en el diseño de una nueva baraja con la artista Pamela Colman Smith, y pasó a llamarse baraja Rider-Waite. En ese momento sus creadores recibieron muchas críticas por los cambios realizados y por la falta de estética. A pesar de ello, sus interpretaciones hicieron al tarot más accesible que otros diseños más oscuros, y actualmente esta baraja es una de las más usadas.

El árbol de la vida

Al igual que el tarot, El árbol de la vida tiene 10 emanaciones. El árbol de la vida tiene 4 elementos, y el tarot, 4 palos para representar los elementos. Ver también pág. 109.

Viajero
El loco del Tarot Papus.

BARAJAS

Elegir una baraja es algo muy personal. Algunos de los tarots más populares y conocidos son la baraja Rider-Waite, la de Marsella y la JJ Swiss. La última se remonta al siglo XIX y heredó su nombre de los dioses romanos Júpiter y Juno en lugar del Papa y la Papisa. Existen muchas barajas poco usuales como el Tarot Elemental, el de la Madre Paz y el Místico. Todos ellos están basados en una filosofía o mitología determinada.

Despreocupado
El loco del Tarot Universal Waite.

Colorido
El loco del Tarot Oswald Wirth.

Infantil
El loco del Tarot Golden Dawn.

Etéreo
El loco del Tarot Haindl.

Serio
El loco del Tarot de las brujas.

Acrobático
El loco del Tarot de la Madre paz.

Cómo elegir su baraja

Existen diversos puntos a considerar a la hora de elegir una baraja. Si se compra su propia baraja, es importante que le agrade visualmente y le diga algo de algún modo. Lo ideal sería poder ver una baraja de muestra, de forma que viera todos los naipes. Se sentirá atraído por una o dos imágenes, o por toda la baraja. A algunas personas les gusta familiarizarse con una baraja y trabajan exclusivamente con ella, mientras que otras interactúan con más de una baraja y las utilizan para fines distintos.

Buenas vibraciones

El tipo de baraja que elija dependerá en gran medida de sus propios intereses y antecedentes, así como de aquello que le atraiga. Trabajar con las imágenes y símbolos del tarot suele intensificar los poderes intuitivos de las personas. Es importante que utilice su propia baraja y no una que pertenez-

Arthur Waite
La baraja de Arthur Edward Waite, diseñada junto con Pamela Colman Smith, tuvo una gran tirada comercial.

ca, o haya pertenecido, a otra persona: debe formar una relación personal con los naipes, y esto no es posible si alguien ya ha grabado su propia vibración psíquica en los naipes. No tiene por qué comprar su propia baraja; alguien puede comprarle una que le guste.

Barajas famosas

En 1909 Arthur Edward Waite formó
equipo con Pamela Colman Smith y
crearon una baraja de naipes impresa
por la Rider Company. Él realizó cambios a los arcanos mayores y ella se
concentró en las imágenes de los arcanos menores. Por primera vez, cada
naipe tenía una escena, y esto significaba que los arcanos menores se
abrían a más interpretaciones. Fue una
primicia en aquel entonces, y la baraja
Rider-Waite alcanzó récord de ventas.

Lady Frieda Harris ilustró la misteriosa
baraja de Aleister Crowley. Éste obtuvo
mala reputación por algunas de sus
extravagantes prácticas mágicas y se
convirtió en un devoto notorio de lo
oculto. Sus enseñanzas sobre tarot lle-
garon más allá de las del Amanecer
dorado (ver pág. 20). Las ideas de la
pareja se publicaron por primera vez
en 1944 como *El libro de Thoth*; los
naipes finalmente se publicaron de manera póstuma para ambos en 1969.

Ardiente
*La torre del Tarot
Golden Dawn.*

LA ELECCIÓN

Elija la baraja por sí solo. Le ayudará a desarrollar su propia intuición y capacidades psíquicas y, como resultado, a realizar mejores lecturas. El Tarot mítico les gustará a aquéllos interesados en la mitología griega, mientras que las barajas Celta o Arturiana les atraerá a los que sientan una fascinación especial por la mitología celta. Si no tiene ningún interés en ninguna de estas áreas, el gusto universal por la baraja Rider-Waite sería un buen punto de partida.

Africana
*La torre del Tarot Royal
Fez Moroccan.*

Poderosa
*La torre del Tarot
Papus.*

Dramática
*La torre del Tarot
astrológico.*

Contemplativa

La torre del Tarot de los gitanos.

THE TOWER

LA MAISON DIEU

Reveladora

La torre del Tarot Thoth.

The Tower

Horticultural

La torre del Tarot herbal.

XVI The Tower

Rituales

La lectura
Es importante crear el entorno adecuado para una lectura de tarot.

Cualquiera que sea su enfoque hacia el tarot, es importante que cultive una actitud de respeto hacia las imágenes sagradas representadas en las cartas. Esto se hará más evidente a medida que conecte con ellas más profundamente. Una vez elegida una baraja sería una buena idea dedicar algo de tiempo a examinar las cartas una a una. De esta manera formará una relación con ellas y, de manera parecida a la ósmosis, empezará a absorber su simbolismo e imágenes. El paso siguiente es iniciar

la lectura y aprender el significado adivinatorio de cada naipe. No pretenda entender a la primera el significado completo de cada naipe; le tomará su tiempo comprender su complejidad.

Creación del entorno

Es fundamental crear el estado mental adecuado antes de trabajar con el tarot. Lo ideal sería que creara un entorno tranquilo al empezar a mirar los naipes, así com antes de la lectura. Lo conseguirá descolgando el teléfono, quemando incienso, encendiendo una vela, poniendo música suave, orando o mediante una invocación ritual. Si lo prefiere podría orar como lo hacen en el Amanecer dorado: *En el divino nombre de IAO, yo te invoco Gran ángel HRU que transmites tu secreta sabiduría. Extiende tu mano invisible sobre estas cartas consagradas para que pueda acceder al verdadero conocimiento de lo oculto por la gloria del inefable, Amen.* Podría colocar los naipes en una tela de seda y meditar sobre la imagen para ver qué impresiones obtiene. Piense en el significado de cada naipe y la forma en que le habla.

Significados de las cartas

Se ha debatido mucho acerca de la validez de las cartas invertidas: la idea de conceder interpretaciones diferentes a cartas derechas e invertidas es muy reciente. Algunas personas asignan un significado diferente a una carta invertida y la consideran más fácil de interpretar porque el significado de la carta aparece menos ambiguo. Aunque esto simplifica la adivinación, rehúsa algo implícito en la comprensión de la astrología y otras disciplinas esotéricas. Estos sistemas antiguos creen que todo contiene aspectos positivos y negativos, y que inherente en cada cosa está su opuesto.

Consultas

Para más información sobre el entorno adecuado para una lectura, ver pág. 144: 'Preparación para la consulta de las cartas'.

LAPISLÁZULI

Cristales
*Purifican y protegen los
naipes psíquicamente.*

CORNALINA

ACTIVANDO LOS NAIPES A medi-
da que trate e interactúe con los naipes, empezará a transmitir
energía a la baraja. Esto también lo conseguirá mediante un círculo y
colocando los naipes sobre su tela de seda negra en el centro del círculo. A algunas personas les gusta colocar cristales en determinados
lugares, por ejemplo, en cada esquina de la mesa. Cada cristal tiene
su propia propiedad, pero algunos de los más utilizados son la
amatista, lapislázuli, ojo de gato, topacio y turquesa. Utilice su pro
pia intuición para decidir con cuáles le gusta más trabajar.

Ritual
*La sal, agua perfumada,
incienso y velas son maneras
ideales de preparar el
espacio de una lectura.*

fuente con
pétalos de rosa
y agua

vela

sal

varitas de
incienso

Cornalina
Se considera que este cristal ayuda a la clarividencia.

Lapislázuli
Se piensa que este cristal transmite influencias psíquicas.

Ágata
Se cree que este cristal laminado calma la ansiedad.

Ojo de gato
Se cree que este cristal significa éxito y fuerza de voluntad.

Seda
Envolver los naipes en seda negra los protege contra la contaminación psíquica.

Baraja encajonada
Colocar los naipes envueltos en seda en una bonita caja de madera preserva su cualidad e importancia sagradas.

Proteja sus naipes.

caja especial

Personalice sus rituales

Su espacio
Cree un espacio sagrado de forma que le parezca personal y cómodo para Vd.

naipes en el círculo durante 24 horas antes de sacarlos. A continuación envuélvalos en una tela de seda negra y colóquelos en una bonita caja de madera o algún otro recipiente especial para Vd. El motivo de envolverlos así es que el negro es un color neutral que evita que los naipes absorban vibraciones exteriores. Al usar la seda queda constancia de que son sagradas y los aleja de contaminaciones psíquicas. La tela y caja especiales simbolizan el respeto y valor de los naipes.

La sal se ha utilizado siempre en rituales de purificación y protección psíquica, y las alcanzará pasando un plato con agua salada sobre los naipes extendidos. A continuación haga lo mismo con una varita encendida de incienso de pino o romero y sostenga una vela dorada, amarilla o roja sobre los naipes. Finalmente, pase un plato de pétalos de rosa nadando en agua o un aceite esencial de rosa o lavanda por encima de ellos. Deje los

La importancia de la sencillez

Recuerde que sólo debe seguir este ritual si se siente cómodo con él. Busque su propia forma de crear un espacio sagrado y prepararse para la lectura. Lo importante si utiliza alguna forma de ritual al trabajar con el tarot es no depender demasiado del ritual. Utilícelo como una simple forma de alcanzar armonía y un estado mental adecuado. Si cree firmemente en algún

tipo de ceremonia antes de una lectura, téngala bien presente. Por otro lado, con una actitud más relajada no se sentirá presionado a adoptar un enfoque ritualista. Lo importante es que se sienta cómodo.

Guía ofrecida por el tarot

Al formular una pregunta el tarot reflejará todo lo que gire entorno a esa situación; también mostrará el camino que debería seguir. Identificará lo que puede ayudarle e importunarle a lo largo de dicho camino y la forma óptima de proceder. Será Vd. quien elija si desea o no seguir la guía ofrecida.

Poderes psíquicos

La lectura de tarot no le dotará de poderes psíquicos inmediatos, pero si tiene inclinaciones psíquicas, entonces el tarot las estimulará.

LAS CARTAS
Y SU SIGNIFICADO

Las cartas de tarot representan el viaje simbólico del consultante a través de la vida. El tarot no predice un futuro fijo y predestinado, sino que describe la cualidad y el significado de un momento en concreto en la vida de un individuo. A menudo la lectura describirá sucesos pasados en el contexto del momento presente y sacará a la luz elecciones y motivos, así como su causa y efecto. No solemos ser conscientes de la razones subyacentes de nuestro comportamiento; los naipes pueden ofrecer una conciencia más profunda de lo que ocurre bajo la superficie. Estas revelaciones tienen el potencial de ofrecernos mayor libertad y opciones entre las que elegir en el futuro.

Arcanos mayores y arcanos menores

La Justicia
Este naipe representa el equilibrio y aparece con la balanza y la espada de la justicia.

La naturaleza humana es compleja, y, debido a que el tarot representa un espejo del alma, refleja esta complejidad.

Arcanos mayores

El inicio del viaje del consultante a través de la vida está representado por El loco. Los otros 21 naipes describen aspectos del propio consultante y otros personajes con los que se encontrará, así como situaciones que vivirá y cualidades a las que deberá enfrentarse.

Al interpretar el significado de los arcanos mayores a veces lo encontrará ambiguo e incluso contradictorio. Cada lector de tarot tiene su propia interpretación, aunque una buena regla empírica es decidir qué aspectos de cada naipe son los más relevantes en el contexto de la lectura completa. Considere entonces cómo los naipes funcionan juntos en lugar de por separado.

Algunos aspectos de los naipes también pueden reflejar al consultante en el momento de la consulta. Los arcanos mayores describen tanto nuestra realidad exterior y las situaciones que se nos presentan y que a menudo consideramos incontrolables, como la dimensión espiritual más profunda que se halla bajo la superficie de nuestra vida diaria. A menudo la aparición de una carta coge por sorpresa al consultante, debido a que no era

consciente de ese aspecto de sí mismo
ni de cómo le afectaba a él y a los
demás.

Arcanos menores

Los 56 arcanos menores están
divididos en cuatro palos: copas,
bastos, oros y espadas. Cada uno
contiene diez cartas numeradas (de
puntos) y cuatro figuras. Las figuras
representan a personas influyentes en la
vida del consultante, aunque también
pueden revelar sus propios atributos, de
los que tal vez no sea consciente. Las
cartas numeradas representan las
experiencias y decisiones que pueden
iluminar los motivos del consultante y
sugieren direcciones futuras que pueden
tomarse.

Barajar

Es una buena idea barajar las cartas boca
abajo sobre una superficie plana. De esta
manera durante la lectura se podrá contar con
cartas derechas o invertidas.

OPTIMISMO Y GUÍA

El consultante inicia su viaje espiritual con ilusión y alegría. Le esperarán desafíos, pero para El loco no hay lugar para el fracaso o los problemas. El mago significa guía en camino, posiblemente ofreciendo una dirección que guíe las oportunidades y destaque las trampas y peligros que nos acechan. El optimismo juvenil a menudo deberá templarse con algo de cautela.

Oriental
*El loco del
Tarot Ukiyoe.*

THE FOOL

Harapiento
*El loco del
Tarot Visconti Sforza.*

Misterioso
*El mago del Tarot
Thoth.*

Chamanista
*El mago del Tarot
Shining Woman.*

El loco y el mago

El loco

Representa nuevos inicios, potencial sin descubrir y comenzar de nuevo en la vida. Suele ser necesario algún tipo de riesgo y ganas de lanzarse a lo desconocido. El consultante debe avanzar y aceptar un nuevo desafío. Sin embargo, el resultado puede ser incierto, de forma que será necesario un acto de fe por su parte si opta por seguir este camino.

Este naipe representa a un joven despreocupado y de aspecto inocente iniciando un viaje, felizmente inconsciente del hecho de que esto podría conducirlo a su caída. Si este naipe aparece diseminado, podrían divisarse nuevas oportunidades en el horizonte. Sin embargo, no todo saldrá como se planificó, y debería esperarse lo inesperado. El consultante está a punto de embarcarse en un viaje de descubrimiento de sí mismo y quizá se presenten revelaciones sorprendentes. Aunque el consultante contará con la confianza y el idealismo que lo empujen hacia la siguiente fase de la vida,

El mago
El mago significa guía, ya sea inherente en el consultante, o de una fuente externa.

se advierte contra la fe ciega y con no ser demasiado ingenuo al enfrentarse a determinados dilemas. Se aconseja cierta cautela y circunspección.

El mago

Éste domina y controla los cuatro elementos y los cuatro símbolos de los palos, lo que sugiere que el consultante tiene la imaginación, determinación,

confianza en sí mismo y dones inheren-
tes necesarios para estimularlo y
desarrollar sus capacidades actuales y
latentes. Cuando El mago aparece en
una tirada, indica que el consultante
debería buscar oportunidades donde
usar su talento, aptitudes y capacidad
creativa en su grado máximo y conec-
tar con su poder innato, incluso si no es
consciente de él, en lugar de ocultarlo.
La vida muestra sus posibilidades y
deben tomarse decisiones para determinar qué camino elegir. Debe tenerse
cuidado, pues posiblemente haya un
elemento de engaño o manipulación
alrededor del consultante. La guía podría vestirse con la ropa de la propia
intuición y sabiduría innata del consultante, o disfrazarse de alguien que
actúa como un poderoso catalizador
del cambio y la transformación.

El loco

Hubo un tiempo en que El loco aparecía al
final de la baraja. En los naipes del tarot
moderno El loco siempre representa el número
0 y el inicio de un viaje.

INTUICIÓN Y ARMONÍA

La sacerdotisa y La emperatriz pueden representar tanto a una mujer importante como el lado femenino del consultante. La sacerdotisa indica el lado intuitivo de la naturaleza del consultante, el subconsciente y a menudo sentimientos y dones escondidos. La emperatriz representa la naturaleza y armonía cíclicas del mundo natural, y nos recuerda su crecimiento y productividad. El bienestar físico y emocional también desempeñan un importante papel.

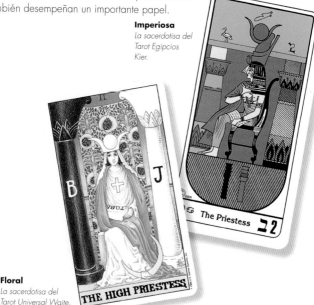

Imperiosa
La sacerdotisa del Tarot Egipcios Kier.

The Priestess

Floral
La sacerdotisa del Tarot Universal Waite.

THE HIGH PRIESTESS

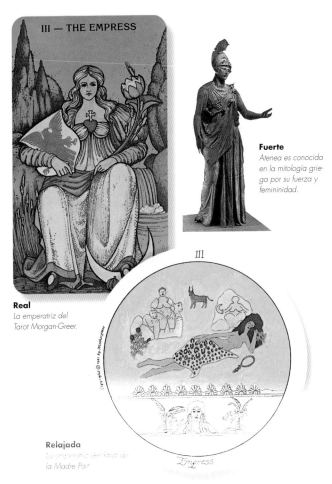

III — THE EMPRESS

Real
La emperatriz del
Tarot Morgan-Greer.

Fuerte
*Atenea es conocida
en la mitología grie-
ga por su fuerza y
feminidad.*

III

Relajada
La emperatriz del Tarot de
la Madre Paz

Empress

43

La sacerdotisa y la emperatriz

Ahondando en lo oculto
*Los misterios escondidos en el
mundo oculto se encuentran en
el simbolismo de los naipes.*

La sacerdotisa

Este naipe sugiere intuición, capacidades físicas y conocimiento espiritual. El consultante se está adentrando en una fase de aprendizaje y se verá empujado a cosas de naturaleza esotérica, tal vez a través de un sueño, un libro o una persona que conozca. Dicha persona aparecerá en la vida del consultante para enseñarle los misterios escondidos en el mundo de lo oculto y el reino del inconsciente. La sacerdotisa también significa que los poderes intuitivos y reveladores del consultante se verán realzados y que obtendrá ayuda y guía. Adentrarse en los mundos onírico y simbólico tiene el potencial de ofrecer nuevas revelaciones y descubrimientos fascinantes sobre las capacidades que el consultante ni siquiera sabía que poseía. Sin embargo, existen escollos en la exploración de estos aspectos de la psique sin explotar y el consultante debe hacer uso de su intuición para diferenciar entre la verdad y el engaño. Si el naipe está invertido, el consultante está menos introspectivo y deseoso de interactuar con personas que lo orienten.

La emperatriz

Es la diosa de la madre tierra, y como tal simboliza la abundancia de la naturaleza, la fertilidad y el crecimiento.

Nos recuerda que todo se mueve en ciclos y madura a su debido tiempo. Si este naipe aparece en una tirada, significa que el consultante puede mejorar su situación atrayendo su propia sabiduría, fuerza y creatividad. Algo está a punto de lograrse y se cumplirá un deseo muy fuerte. Se anuncia una fase creativa y productiva, y esto se podría manifestar, por ejemplo, como una boda, el nacimiento de un hijo o tal vez la mudanza a otra casa.

Este naipe tiene un buen augurio cuando el consultante va a casarse, formar un hogar o ser padre, pues sugiere que se logrará la fuerte necesidad de bienestar. También se asocia con el disfrute de los pequeños placeres de la vida. La emperatriz aparece como una mujer que personifica estos principios y puede actuar como modelo del consultante. Aunque La emperatriz representa la madre tierra, si el naipe está invertido, puede sugerir rechazo materno.

CONTROL Y ORDEN

Ambos naipes se refieren a la imposición del orden. El emperador significa control interior, disciplina, fuerza de voluntad y la necesidad de que el consultante disponga de una sujeción en su propio mundo y sea consciente del impacto que tiene sobre los demás. El sumo sacerdote indica la necesidad de orden y conciencia del *yo* interior del consultante, y contacto con el lado espiritual de su naturaleza.

Riqueza
El emperador del Tarot de los Gitanos.

THE EMPEROR   L'EMPEREUR

En el trono
El emperador del Tarot Visconti Sforza.

46

Antiguo
*El sumo sacerdote
del Tarot Haindl.*

The Hierophant

Sabiduría
*El sumo sacerdote del
Tarot Visconti Sforza.*

Dirección
*Emperador y Sumo sacerdote ofrecen control, orden
y dirección al consultante en un mundo caótico.*

El emperador y El sumo sacerdote

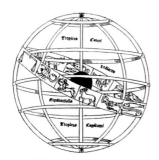

Influencias planetarias
El simbolismo astrológico suele incorporarse en el significado de determinados naipes.

El emperador

Sacar este naipe denota que el consultante se encuentra en una posición fuerte y sólida, y tiene confianza y ambición para alcanzar sus objetivos. El emperador representa poder, autocontrol, disciplina y un estricto código ético; si se elige, sugiere que el consultante está preparado para establecerse en el mundo. Manifiesta que aceptará más responsabilidad o emprenderá un negocio o que probará ideas nuevas o jamás intentadas.

Ya es hora de que el consultante actúe para alcanzar sus objetivos y el éxito, y para ello deberá atraer sus recursos interiores y tener el valor de sus convicciones. Tal vez existe una oportunidad de desempeñar un papel más influyente o de controlar una situación quizá en forma de ascenso o una confesión que le confiere honor, estatus y una categoría superior en el mundo. Este naipe podría significar una persona poderosa, mundana, autoritativa y posiblemente dictadora en la vida del consultante. Es alguien en quien se puede confiar, sólido y formal, a quien el consultante se puede dirigir en busca de consejo y ánimo.

El sumo sacerdote

Originariamente este naipe significa guía religiosa. También conocido como El papa, El sumo sacerdote representa poder espiritual, sabiduría interior y conciencia superior. Su aparición en una tirada sugiere que el consultante necesita mirar en lo más profundo de sí mismo en busca de respuestas de natu-

raleza espiritual o filosófica. Se sentirá
atraído a estudiar una cuestión basada
en su creciente conciencia espiritual
para dotar de un contexto útil a su
vida.

Si el consultante está atravesando
momentos difíciles, este naipe a veces
indica que un profesor, mentor, persona
de confianza o terapeuta va a llegar a
su vida para orientarle y apoyarle. Mediante este guía desarrollará un sistema
de creencias o una filosofía personal.
Esta persona será compasiva y com-
prensiva y tendrá mucha influencia. Este
naipe también sugiere la necesidad de
mantenerse abierto a la idea de considerar diferentes perspectivas en lugar
de tomar automáticamente el camino
probado al enfrentarse a un dilema. El
consultante debería actuar según su
conciencia en todo momento.

Aprendizaje

El sumo sacerdote se vincula a la educación y
la realización de uno mismo. Significa descubrimiento de sí mismo o tal vez un mentor que
guía en la vida del consultante o un amigo.

DECISIONES Y FUERZAS

Los enamorados denotan que deberá tomarse una decisión, no necesariamente de naturaleza romántica, pero una que probablemente tenga consecuencias de largo alcance. Asimismo, El carro significa dos fuerzas que tiran en direcciones opuestas. Lo emocional y el intelecto pueden sugerir diferentes líneas de conducta, pero el consultante debe tomar una decisión con la que se sienta cómodo. El reto es elegir la forma que mantenga el equilibrio.

Amor cortés
Los enamorados del Tarot JJ Swiss.

Pasión desenfrenada
Los enamorados del Tarot Golden Dawn.

Cupido
Esta figura mítica es famosa por unir enamorados.

Doble esfinge
El carro del Tarot Universal Waite.

7

Dúo hípico

Le Chariot   Il Carro

Der (Wagen)   The Chariot   El Carro

Barbara Walker.

Los enamorados y El carro

Los enamorados
*Este naipe simboliza un fuerte
vínculo como una amistad, vida
en común o matrimonio.*

Los enamorados

Este naipe no sólo indica amor
romántico y vidas en común, sino
que es un naipe de cambio y
presenta una decisión que no es fácil
de tomar. Podría tratarse de una
decisión relacionada con el amor, en la
que el consultante debería elegir entre
dos personas, o entre amor y carrera, o
dos cosas incompatibles. A menudo se
trata de un decisión angustiosa ya que
el consultante sabe que elija lo que
elija deberá sacrificar algo. También se
percibe que las consecuencias de la
decisión tendrán un profundo impacto,
y por este motivo ésta no puede tomarse a la ligera.

Este naipe suele representar el dilema
entre la razón y el corazón, pero
también sugiere que cuando se
consideran los pros y los contras,
probablemente el consultante halle la
respuesta "correcta" si escucha su
intuición en lugar del intelecto. Al
consultante le sorprenderá descubrir
haber tomado una decisión según su
instinto visceral más que el pensamiento
racional. Se pondrá a prueba una
relación existente, de forma que el
consultante deba ser consciente de qué
es lo que tiene más valor para él. Si el
naipe está invertido, simbolizará que el
consultante no debe esperar una pareja
en este momento.

El carro

En ocasiones denominado Victoria,
simboliza la necesidad de autocontrol,
disciplina y fuerza de voluntad. Se reta
al consultante a equilibrar fuerzas
opuestas, al mismo tiempo que a
mantener la estabilidad. En este naipe
suelen aparecer dos caballos tirando
hacia direcciones distintas, lo que

refleja el hecho de que el consultante posiblemente deba hacer frente a dos deseos igualmente fuertes y conflictivos. Por ejemplo, puede que ambicione un objetivo en concreto pero que otra parte de su personalidad se resista a seguir dicho camino. Necesitará toda la fuerza y energía que pueda reunir para reconciliar sus contradicciones y resolver el conflicto de forma satisfactoria.

Cuando haya alcanzado la paz interior, el consultante podrá avanzar y hallar un camino más consciente de encaminar su vida. Este naipe también indica que el consultante se encontrará compitiendo con otros, lo que le hará más consciente de sus propios instintos de competición. Si puede aprovechar estas energías y dirigirlas hacia un objetivo concreto, acabará teniendo éxito. Un naipe invertido sugiere que El carro no es lo suficientemente fuerte para controlar una situación. Reconocer esto aliviará la angustia.

JUSTICIA Y REFLEXIÓN

La justicia es una de las tres virtudes cardinales de los arcanos mayores (las otras dos son La fuerza y La templanza). Como su nombre indica, este naipe denota justicia, moderación y equilibrio. Tras recibir un veredicto o someterse a una resolución de algún tipo, el consultante necesita tiempo para reflexionar sobre lo ocurrido. El ermitaño denota que es necesario reflexionar para crecer mental y espiritualmente.

Túnica roja
La justicia del Tarot Herbal.

Traje verde
La justicia del Tarot astrológico.

Visión clara

*En los tribunales La justicia suele
representarse con los ojos vendados.
En el tarot siempre ve con claridad.*

**Iluminando
el camino**
*El ermitaño
del Tarot
Haindl.*

Colorido
*El ermitaño del Tarot
Visconti Sforza.*

The Hermit

La justicia y El ermitaño

La Justicia

Este naipe suele ilustrar la balanza de la justicia y la espada que acaba con la deshonestidad y la desilusión, e impone una solución justa. Si aparece esta carta en una tirada, el consultante puede estar frente a una difícil decisión que debe considerar atentamente antes de llegar a una conclusión. Puede referirse a un problema legal, un caso judicial o una cuestión de principios, y sugiere que si el consultante se mantiene íntegro, se hará justicia. Puede que haya una persona que ofrezca ayuda o dé consejo.

Si el consultante se mantiene en una posición de equilibrio y responsabilidad, se sentirá fuerte, con decisión y podrá luchar por lo que cree. Este naipe suele sugerir una victoria moral o legal, donde el consultante está sediento por una solución justa a una cuestión. Si este naipe está invertido, apunta a algún tipo de injusticia, de forma que el consultante necesitará estar atento y buscar en su interior para destapar la verdad.

Luz reveladora
El fanal que lleva El ermitaño significa la iluminación obtenida al mirar hacia dentro.

El ermitaño

A lo largo de la historia los ermitaños se han alejado de su entorno, literalmente hacia tierras vírgenes, o de forma metafórica mediante la meditación, para liberarse de las banalidades de la sociedad humana y alcanzar la iluminación espiritual.

El naipe del Ermitaño significa que el consultante necesita un período de soledad o aislamiento para reflexionar sobre su situación actual. La meditación, el estudio y la contemplación ayudarán a crear un ambiente de tranquilidad interior, y estimularán su crecimiento espiritual y mental. Si se mantiene tranquilo e introspectivo, obtendrá respuestas y verdades más profundas sobre Vd. mismo.

Si el consultante duda sobre qué camino tomar, pasar un tiempo solo le dará el espacio para descubrir su próxima línea de conducta de forma intuitiva. Ya sea voluntaria o impuesta, esta soledad tiene el potencial de ofrecer muchas revelaciones y es una fase necesaria de su crecimiento y desarrollo. El consultante también debe ser paciente y reconocer el valor de tomar las cosas con calma y evaluar su vida. Aparecerá una persona mayor y más sabia que él, que le ofrecerá consejo y apoyo, pero ésta actuará como espejo del sabio y profesor presentes en la propia psique del consultante a los que puede dirigirse en busca de orientación interior

INICIOS Y RECURSOS

El hilo conductor entre los naipes de La fuerza y La fortuna es el cambio. La vida suele ser cíclica, pero, cuando un período llega a su final y empieza otro, solemos necesitar ayuda para hacer frente a los cambios que conlleva. Mientras que La rueda de la fortuna significa un nuevo inicio, La fuerza denota los recursos físicos, mentales y espirituales que necesitan explotarse para hacer frente a lo desconocido de la nueva fase de nuestra vida.

Serpiente
La rueda de la fortuna del Tarot Papus. la serpiente representa muerte y destrucción.

Anubis
La rueda de la fortuna del Tarot Egipcios Kier. Anubis es un símbolo de renacimiento.

Serpiente enroscada
*La fuerza del Tarot del
espíritu. La serpiente
simboliza magia sexual.*

VIII

STRENGTH

Domador de leones
*la fuerza del Tarot
Casull Weite. El león
representa la pasión.*

La fortuna y La fuerza

La rueda de la fortuna

Este naipe es uno de los más difíciles de interpretar, pues sugiere sucesos más allá del control humano. Sugiere que el consultante ha alcanzado el final de un ciclo y está empezando una nueva fase. Recuerda los ciclos de la naturaleza, como las estaciones, pero estos sucesos no están en nuestras manos. Están a punto de ocurrir cambios inesperados, y debido a que suelen llegar sin avisar, parece como si el destino hubiera tomado el mando de una situación y el consultante no tuviera control.

Esto puede provocar entusiasmo o desconcierto, pues no se sabe con certeza si estos cambios van a ser positivos o negativos. Podrían referirse a relaciones, al trabajo o al hogar, y pueden tambalear los cimientos de la vida del consultante, recordándole que nada permanece para siempre. Será necesario dejar pasar el pasado para progresar, pero al consultante puede consolarle que a veces es necesario bajar para volver a subir. Se anuncia

Gira y gira
La rueda es un símbolo de cambio y contiene la idea de la evolución cíclica.

una nueva oportunidad para crecer y puede que se presente en forma de una persona o situación que el destino le tenía guardado. Invertida, La rueda de la fortuna no predice un futuro oscuro, sino que indica que el consultante no está listo para el cambio.

La fuerza

El nombre antiguo de esta carta era La fortaleza, que sugería determinación, poder físico y la resistencia para hacer frente a cualquier situación, sin importar lo desafiante que fuera. Si el consultante elige este naipe indica que debe hacer uso del valor de sus convicciones, carácter fuerte y confianza en sí mismo para tener éxito. Podría tratarse de algo material (el consultante desea dar marcha a sus planes tras haber superado ciertos obstáculos), o tal vez represente fuerza espiritual (trata de avenirse con los aspectos más egoístas y negativos de su carácter).

Este naipe también representa capacidad creativa y sugiere que el consultante está a punto de utilizar su potencial escondido. Una súbita liberación de energía creativa tendrá un maravilloso efecto inspirador y hará que el consultante recobre su vigor. Al ser más consciente de su talento y capacidad innatos, el consultante verá reforzados su sentido de autoestima, y la capacidad de enfrentarse a sí mismo y a los diferentes aspectos de su propia naturaleza.

Invertida, la determinación del consultante se ve teñida por un elemento de duda de sí mismo.

BLOQUEOS Y FINALES

La siniestra imagen del Colgado suele asustar a las personas, pero denota una fase donde es posible el cambio, más que un cuelgue físico. De manera similar, cuando La muerte aparece en una tirada, raramente significa una muerte literal. Suele representar el final de una era. Estos naipes denotan el final de una fase, pero se vislumbra un nuevo inicio.

Mujer
El Colgado tiene identidad femenina en el Tarot Shining Woman.

The HANGED WOMAN
12

The Hanged Man

Entre el arco iris
El Colgado del Tarot Haindl.

Leonina
*La muerte del Tarot
Ukiyoe.*

Delicado
*El Colgado del Tarot
Oswald
Wirth.*

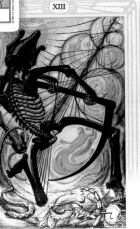

⊃   Death   ♏

Esquelética
*La muerte del
Tarot Thoth.*

El colgado y La muerte

En busca del yo interior
*El Colgado significa un punto de
inflexión, a menudo hacia una
vida más espiritual.*

El Colgado

Este naipe suele provocar miedo,
aunque de hecho no suele indicar
castigo o dificultad física. El
Colgado indica que el consultante está
en el limbo y, al menos por ahora, es
incapaz de cambiar su situación actual.
Debido a que el consultante se siente
atrapado, aparecen el miedo, la ansiedad y una profunda sensación de
malestar. Además, deberá sacrificar

algo que valora para poder avanzar.
Esto debe hacerse voluntariamente y
sabiendo que, aunque se perderá algo,
también se ganará algo (quizá de mayor valor) que finalmente mejorará su
situación.

La conciencia del consultante se está
ampliando y posiblemente experimente
algún tipo de transformación espiritual
aunque en ese momento no sea consciente de ello. Será doloroso el
momento en que el consultante sea
consciente de lo que está saliendo de
su vida, y todo cuanto puede hacer es
tener fe en que las cosas cambiarán a
mejor. Se ha alcanzado un punto de
inflexión y las circunstancias deben mi-
rarse desde un ángulo diferente para
obtener una nueva perspectiva. Si el
consultante es paciente y reflexivo
obtendrá iluminación, libertad y paz.

La muerte

Al igual que al Colgado, suele temerse
a La muerte innecesariamente. A diferencia de lo que se imagina, este naipe
no indica ninguna muerte inminente.

Realmente indica el final de un antiguo estilo de vida y sugiere que el consultante está a punto de embarcarse en una nueva fase. Para ello, deberá dejar atrás el pasado. Esto significará el final de una relación, la pérdida de un trabajo o estilo de vida, pero cualquiera que sea el cambio representado por esta carta, el consultante necesitará valor para enfrentarse al hecho de que no puede seguir aferrado al pasado.

Se le está ofreciendo una transformación completa al consultante y podría hallarse en un nuevo entorno, una nueva relación, o haciendo frente a un nuevo reto de algún tipo. En ocasiones, este naipe significa un matrimonio, un cambio de trabajo o la oportunidad de iniciar algo. También puede que deba adoptar una nueva actitud para avanzar y beneficiarse de las nuevas oportunidades que se le presentan.

Si el naipe de la muerte está invertido, sugiere algún tipo de estancamiento [...] vez porque no se abre al cambio.

EQUILIBRIO Y FRUSTRACIÓN

La templanza es una de las tres virtudes cardinales de la baraja (las otras dos son La justicia y La fuerza). Las palabras clave son el equilibrio y la moderación. Antes de actuar debe deliberarse. Sin embargo, la aparición del Diablo puede indicar que el consultante se sentirá frustrado a cada paso. Debe encontrarse una forma de superar la frustración.

Oposición
El diablo del Tarot Visconti Sforza.

Moderación
La templanza del Tarot Morgan-Greer.

Angelical
La templanza a menudo hace uso de imágenes celestiales.

Frustración
El diablo del Tarot Golden Dawn.

Equilibrio
La templanza del Tarot de la Madre paz.

La templanza y El diablo

Armonía
La templanza indica la adopción de un enfoque más equilibrado en la vida.

La templanza

Indica que el consultante debe adoptar un enfoque equilibrado y moderado en relación tanto consigo mismo como con los demás. En lugar de sucumbir ante la tendencia habitual a tomar un punto de vista extremo, o dar rienda suelta a su costumbre de reaccionar de forma demasiado precipitada o emocional ante una situación, el consultante debe esforzarse por ser paciente y compasivo, y debe dedicar tiempo a explorar sus sentimientos. Este naipe indica un fuerte elemento de cooperación, donde el consultante da de sí mismo y recibe ayuda de los demás, y suele indicar una relación feliz y en armonía, ya sea amistosa o matrimonial. Si el consultante se ha excedido de alguna forma, la aparición de La templanza en la tirada sugiere que debería disciplinarse y aprender a comprometerse.

Esto conllevará adoptar una actitud más circunspecta hacia la economía o la salud (tal vez comiendo o bebiendo menos y limitando alguna tendencia extravagante). Si se está dispuesto a cambiar se creará un estilo de vida más feliz y equilibrado.

Invertido, este naipe indica que el consultante es incapaz de actuar de forma moderada.

El diablo

El diablo suele asustar a los principiantes en el tarot, pero en una lectura no suele significar maldad. El diablo puede representar cualquier situación

en la que el consultante se siente domi-
nado o atrapado por algo o por
alguien. Se sentirá enfadado, frustrado
o enfurecido por estas circunstancias, y
por alguna razón le será difícil expresar
estas emociones.

Es importante que el consultante se
percate de que aunque parezca que
está paralizado en una situación muy
negativa, existe una solución para el
problema que aún no ha visto. Cuando
pueda descifrar la raíz de la dificultad y
se responsibilice de ella, podrá romper
las cadenas que lo unen al problema.
Para ello deberá enfrentarse a determinadas características o hábitos de los
que se siente avergonzado o que le
incomodan. El desafío es reconocer sus
emociones más negativas y tener el
valor de liberarse. A veces alguien en
la vida del consultante, que domina y
mueve las palancas de su vida,
representa estas características.

Si este naipe está invertido, indica
que el consultante p   de encontrar la
fuerza para liberarse de la opresión.

SACUDIDA Y SUERTE FUTURA

De nuevo la palabra clave es el cambio. La torre denota que está a punto de tener lugar una sacudida espectacular, que podría causar dolor. Es probable que se trate de un momento confuso, pero que podría aportar beneficios si se aprovecha la oportunidad de iniciar algo. La estrella denota mejor suerte en el futuro: es la luz que muestra el camino hacia adelante.

THE TOWER.

Espectacular
La torre del Tarot Ukiyoe.

THE TOWER

Confusión
La torre del Tarot Universal Waite.

Buena estrella
La estrella del Tarot de la brujas.

XVII   THE STARS

THE STAR

Luz que guía

La torre y La estrella

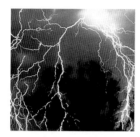

Tormenta súbita
La torre representa un cambio repentino que puede marcar el inicio de una nueva oportunidad.

La torre

Simboliza un cambio espectacular, que provoca una alteración inesperada en la vida del consultante. Es probable que ocurran caídas y reveses, y éstos podrían manifestar el final de una relación, la pérdida de un empleo o cualquier otra situación que amenace la seguridad del consultante. Los cambios que aparecen suelen crear una impresión muy fuerte, y la sacudida que provocan pueden ponerlo todo patas arriba y perturbar totalmente el statu quo.

La respuesta del consultante ante estos acontecimientos determinará en gran medida el resultado de este desconcertante período. Se le ofrece la oportunidad de revalorar sus valores, estilo de vida y relaciones, y de vivir de forma más acorde a su yo verdadero. Esto podría significar abandonar creencias pasadas de moda, especialmente si eran demasiado rígidas o fijas, y adoptar una nueva actitud. También podría significar romper con una situación que ha pasado a ser demasiado restrictiva y que ha dejado de conducir al crecimiento del consultante. Se presenta el inicio de algo completamente nuevo y, aunque algunas ilusiones se han venido abajo, se está pavimentando el camino para reestructurar la vida de una forma más auténtica. Se confirma un cambio para mejor.

Invertida, La torre puede indicar un pequeño caos. También puede significar que el consultante desea seguir resistiendo en medio del caos, o que la difícil situación por lo menos durará un poco más.

La estrella

Ésta es la carta de la esperanza, y
anuncia buena fortuna y fe en un futuro
mejor. A menudo significa volver a
tener buena salud física, mental o espiritual, y nueva confianza en la vida.
Tal vez el consultante ha pasado o está
pasando por dificultades, pero este
naipe denota que finalmente puede
verse luz al final del túnel. Se muestra
una nueva vida y, debido a que éste es
el naipe de las ilusiones, se espera un
final feliz. Siempre que tenga fe y confíe en que va por el buen camino, el
consultante pronto sentirá alegría y un
sentimiento inspirador que engendra la
felicidad verdadera. Por otro lado, si se
ha mantenido en la oscuridad por algo
o ha tenido problemas para seguir adelante, este naipe sugiere que finalmente
llega ayuda.

   Invertido, este naipe sugiere que el
optimismo del consultante y la creencia
en sí mismo pueden estar al borde del
abismo, lo que podría bloquear el
camino hacia la felicidad.

DESCUBRIMIENTO Y REALIZACIÓN

Aunque se los suele considerar opuestos, en el tarot el Sol y la Luna pueden denotar algún tipo de realización. La Luna puede significar que el consultante está a punto de descubrir su yo más profundo, tras un tiempo de incertidumbre y confusión. El Sol es uno de los naipes más favorables del tarot e indica éxito, alegría y realización o consecución de un objetivo personal.

18

Descubrimiento
La Luna del Tarot Visconti Sforza.

La Lune

Der Mond   **The Moon**   La Luna

La Luna

Revelación
La Luna del Tarot Barbara Walker.

Éxito
*El Sol del Tarot
de Marsella.*

XIX

THE SUN

XIX

THE SUN

Alegría
*El Sol del Tarot
del espíritu.*

La luna y El sol

Dos caras
*Los dos lados de la Luna
simbolizan tanto la intuición
como la decepción.*

La luna

Cuando aparece en una lectura, indica que el consultante está entrando en un período en el que será más susceptible a la intuición e inspiración. Al mismo tiempo, es más propenso a decepcionarse de sí mismo, la fantasía y la ilusión, pues nada es lo que parece. Será difícil separar la verdad de la ficción y esto podría provocar confusión e incertidumbre.

El consultante sentirá que camina a tientas en la oscuridad y es incapaz de arrojar luz alguna a su situación. Se percibe una pérdida de dirección, lo que puede ir acompañado de sentimientos de depresión y desesperación. Si el consultante es propenso a miedos irracionales, aunque de hecho éstos tendrán muy poco que ver con la situación, parecerán muy reales. Podría estar engañándose a sí mismo, o ser la víctima del engaño de otro. Existen una serie de engaños ocultos difíciles de concretar, pero que hacen confuso el trato con los demás.

Lo positivo es que se trata de un momento muy creativo en que el consultante vislumbrará aspectos escondidos de sí mismo a través de sueños y revelaciones intuitivas. Sin embargo, necesitará tiempo hasta estar preparado para formar una imagen clara de lo que ha descubierto.

El sol

Sugiere que el consultante está a punto de alcanzar un objetivo personal y recoger los frutos de su trabajo. Es uno de los naipes más positivos de la baraja y sugiere que ahora el consultante tiene energía y entusiasmo para realizar sus aspiraciones, así como la oportunidad de alcanzar sus ambiciones. Si últimamente el consultante se ha sentido por debajo de lo exigido, ahora empezará a tener más confianza y energía, y a sentir que todo es posible y que se puede luchar por todo.

Este naipe también anuncia un período de creatividad, mayor prosperidad y felicidad en relaciones personales. Suele significar un matrimonio feliz y satisfacción en el amor. El consultante se siente optimista sobre el futuro y está preparado para avanzar y vivir al cien por cien. También es posible el éxito mundano: el Sol puede indicar que van a ascender al consultante o que disfrutará de mayor reconocimiento y una mejor posición social.

Materia gris

La letra cabalística para la Luna significaba "parte trasera de la cabeza"; la del Sol "cabeza completa", específicamente la "materia gris" del cerebro, la que nnulu

OPORTUNIDAD Y RECOMPENSA

El significado inherente de ambos naipes es obtener una recompensa por nuestro esfuerzo, y el inicio de un nuevo ciclo. El Juicio indica aceptar el pasado para poder avanzar, mientras que El mundo simboliza la conclusión satisfactoria de una fase y el inicio de una nueva fase de crecimiento positiva.

Faraónico
El Juicio del Tarot Egipcios Kier.

Flotando
El Juicio del Tarot JJ Swiss.

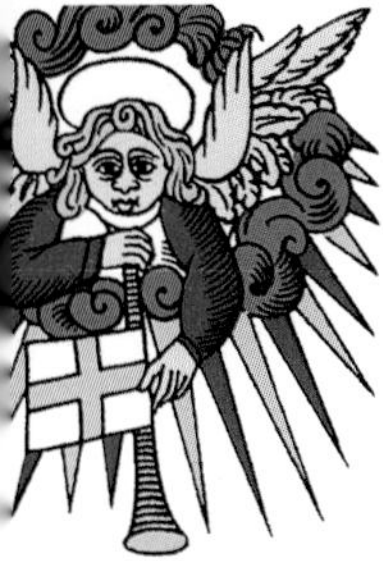

Puntiagudo
El Juicio del Tarot de Marsella.

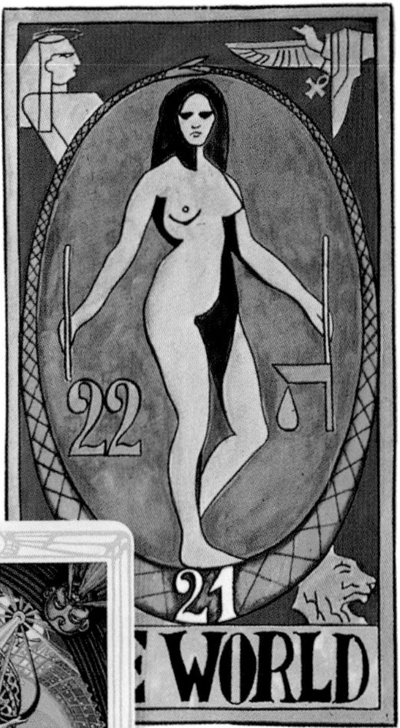

Universal
El mundo del Tarot Thoth.

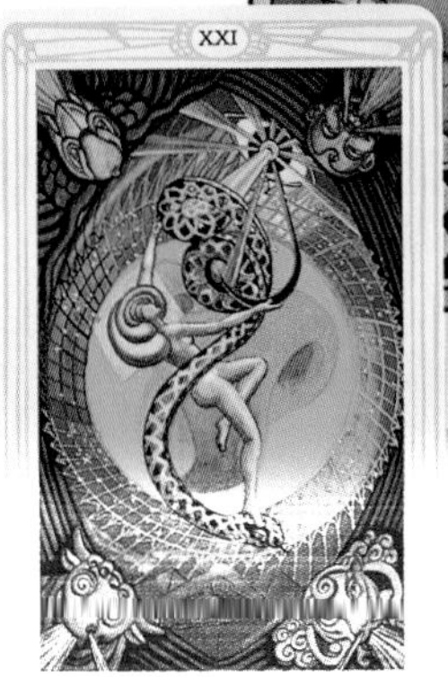

Danza circular
El mundo del Tarot Papus.

El Juicio y El mundo

El Juicio

El Juicio indica dejar ir el pasado y apostar por la vida. El consultante tendrá la oportunidad de observar su vida y evaluar lo sincero que ha sido consigo mismo. Para dejar atrás lo pasado, deberá aceptar y perdonar los errores y fracasos del pasado, y liberar los sentimientos negativos que no le permiten avanzar. Aceptar los aspectos de sí mismo o de su pasado que ha estado reprimiendo será una parte importante del proceso. Este naipe nos recuerda que recogemos lo que sembramos y el consultante puede esperar una recompensa por los esfuerzos pasados, ya sea de forma mundana (puede esperar un ascenso o aún más éxito) o un logro espiritual.

Despertará un potencial sin explotar que había permanecido dormido, y el consultante pronto verá emerger su creatividad y espiritualidad. Si el consultante ha estado enfermo o deprimido, volverá a gozar de buena salud, y renacerá o despertará espiritualmente.

Visión mundana
Las aflicciones del viaje de la vida culminan con la realización en El mundo.

Invertido, el naipe del Juicio puede sugerir que el consultante no percibe la idea de que su vida ha avanzado.

El mundo

Como ocurría con otras cartas (La rueda de la fortuna, p.ej.), El mundo simboliza cambio e indica el final de un ciclo y el inicio de otro. Es un naipe muy positivo, ya que sugiere logro y satisfacción. Algo se ha realizado satisfactoriamente y el consultante está a punto de ser recompensado por sus esfuerzos.

Se trata de un éxito mundano (la realización de un sueño) o una sensación de bienestar espiritual y de paz interior.

Por medio de las pruebas y tribulaciones de la vida, el consultante ha aumentado el conocimiento de sí mismo y el entendimiento espiritual, y ha integrado los diferentes aspectos de sí mismo en un todo con significado. Puede sentirse orgulloso de lo alcanzado tanto en el nivel físico como espiritual. Sin embargo, este naipe también sugiere que pronto se embarcará en un nuevo ciclo que traerá consigo los desafíos y oportunidades de un mayor crecimiento.

Invertida, esta carta no significa necesariamente fracaso, sino que no se ha alcanzado nada. Podría ser que el consultante se hallara en un estado de limbo.

LOS ARCANOS MAYORES

Los arcanos mayores pueden subdividirse en ocho categorías, cada una de las cuales describe un aspecto diferente de nuestra experiencia. Es importante mencionar que algunas de estas categorías se superponen, por lo que las cartas que contengan más de un significado aparecerán en más de una categoría.

Responsabilidad

La segunda categoría se llama Responsabilidad hacia los demás, y contiene a La emperatriz, El emperador, El juicio, La templanza y Los enamorados.

Iluminación

La primera categoría se llama Poder interior, y los naipes que pertenecen a esta descripción son El emperador, La emperatriz, El mago, La sacerdotisa, El sumo sacerdote, El ermitaño y El mundo.

Cotidianidad

La tercera categoría se titula Vida cotidiana. La emperatriz, La justicia y El diablo pertenecen a este grupo.

Destino

La cuarta categoría recibe el nombre de Reacción al destino, y los naipes que la forman son La rueda de la fortuna, El colgado, La muerte, El diablo, La torre, El juicio, La Luna y La estrella.

Realidad

La quinta categoría, Naipes de la realidad, contiene al Emperador, El carro, La fuerza y El Sol.

Sueños

La séptima categoría se llama Naipes del sueño y la realización, y la forman La templanza, La estrella y El carro.

Blanco y negro

La sexta categoría se llama Naipes de la luz y la oscuridad [...] que la categoría cuarta La rueda de la fortuna, El colgado, La muerte, El diablo, la torre, El juicio, la Luna y la estrella.

En movimiento

[...] a la novena que pertenecen a la [...] categoría. Hacia adelante [...] El carro, la rueda de la fortuna, El [...] El juicio y El mundo.

Los cuatro palos de los arcanos menores

Arcanos menores
Los cuatro palos del tarot de Marsella: copas, bastos, espadas y oros.

personales, profundidad de sentimientos, creatividad y espiritualidad. Se asocia con el agua y los signos del zodíaco de Cáncer, Escorpión y Piscis. Mediante este palo, el consultante obtiene una mayor conciencia de sus motivos inconscientes, aprende a confiar en su intuición, y desarrolla mayor madurez emocional.

Cada palo tiene naipes del as al 10, más 4 figuras: el paje, el caballero, la reina y el rey. Al interpretar el significado de estos naipes en una tirada, el significado asociado con el elemento del palo se considera junto con su número o el género de la figura.

Las copas

Las copas representan situaciones y emociones relacionadas con amor, felicidad, realización, relaciones

Los bastos

Este palo representa energía, imaginación, entusiasmo, viaje, crecimiento, avance, ambición, trabajo duro y fuerza ante la adversidad. Se asocia con el fuego y los signos de Aries, Leo y Sagitario. El fuego actúa como catalizador y puede transformar nuestra percepción de las cosas en algo más significativo.

Los oros

Este palo significa seguridad material y económica, y alguien con recursos, práctico y de confianza. Se asocia con la tierra y los signos de Tauro, Virgo y Capricornio. Describe los mundos material y físico, nuestro sentido de autoestima y lo unida que está a nuestras posesiones y accesorios. También simboliza logros y fracasos, y lo que realmente valoramos.

Las espadas

Este palo se relaciona con el desarrollo mental y espiritual, poder, acción, valor y obstáculos que deben superarse. Se asocia con el aire, Géminis, Libra y Acuario. La espada de doble filo personifica su dualidad: la claridad aguda de la mente racional proporciona mayor entendimiento, pero también se trata de un arma afilada que puede herir.

Arcanos menores

Esta baraja de cartas, con sus palos, números y dibujos es muy similar a una baraja normal para jugar.

LOS ASES

Los ases, las primeras cartas de cada palo, representan una base y un trampolín. Significan potencial creativo, nuevos incios y un momento en que el consultante debe actuar. Contienen toda la energía y poder puros e íntegros del palo al que pertenecen, e indican que si el consultante tiene la iniciativa, se crearán nuevas oportunidades de crecimiento y cambio.

Bastos
El as de bastos simboliza la esencia del fuego.

Copas
El as de copas marca el inicio de una nueva relación.

Oros

El as de oros denota éxito y seguridad materiales.

Espadas

El as de espadas indica nuevas y poderosas ideas y pensamientos lúc...

Cuatro ases

Energía
*Inspiración, emoción y entu-
siasmo: eso significa el as de
bastos.*

As de copas

Se trata de un naipe favorable para la realización emocional de
una relación existente o nueva,
ya que simboliza amor, felicidad y satisfacción. Puede indicar matrimonio,
enamoramiento o el nacimiento de un
hijo. El consultante se está embarcando
en una fase feliz, positiva y productiva,
y hay mucho que agradecer. Este naipe
también puede marcar el despertar de
un don creativo, así como el crecimiento del entendimiento espiritual.

As de bastos

Este naipe representa renovación y
nueva energía creativa que marca un
nuevo inicio. El consultante está lleno
de emoción e inspiración y puede que
esté empezando un nuevo proyecto o
formulando un nuevo objetivo con el
que se siente especialmente entusiasma-
do. Es el inicio de una nueva y
maravillosa fase y, aunque será necesario trabajo duro para que los
esfuerzos del consultante den fruto, disfrutará del viaje. Puede experimentarse
una nueva conciencia espiritual.

As de oros

Este naipe indica comodidad física y
material, bienestar y sentido de estima
interior con fundamentos sólidos. El
consultante se sentirá satisfecho y se
preveen éxito y dinero, resultado de sus
propios esfuerzos o de un golpe de
suerte inesperado o legado. La inver-
sión en una nueva empresa o un
ascenso indican una mejoría económica. El consultante tiene tanto la energía
física como los medios materiales para

trabajar por sus objetivos y llegar a lo
que ambiciona.

As de espadas

Este naipe sugiere que el cambio es
inevitable tanto en un nivel interior
como exterior. El consultante experi-
menta una nueva y poderosa energía
mental que deberá dirigir de forma
controlada y decisiva si desea aceptar
los retos que hay tras ella. Un pensamiento claro y la capacidad de tomar
decisiones racionales ayudarán a
superar obstáculos, y conviene actuar
con justicia e integridad. En ocasiones
este naipe indica el desenlace justo de
un asunto legal, a pesar de las dificultades. A menudo el consultante actuará
con más valor y determinación de los
mostrados jamás.

Jugando con el as

Los ases son la base de cada palo y se relacionan con la idea cabalística del Árbol de la
vida (ver pág. 20-21). Deberíamos anotar las
oportunidades especiales de este naipe

LOS DOSES

Después del poder y la energía de los ases, los doses dan al consultante la oportunidad de restaurar el equilibrio y resolver algún conflicto. Se indica algún tipo de consolidación, aunque, en el caso del dos de espadas, también podría indicar un callejón sin salida. Los doses simbolizan dualidad y la unión de los opuestos. Son el número de la armonía y la cooperación, y suelen indicar que debe tomarse una decisión.

Rebosando
El dos de copas del Tarot Thoth.

Cruz feroz
El dos de bastos del Tarot Thoth.

Callejón sin salida
El dos de espadas del Tarot Thoth.

Peace

Change

Yin y yang
*El dos de copas del
Tarot Thoth.*

Cuatro doses

Igualdad sexual
El dos de copas indica un buen equilibrio entre lo masculino y lo femenino.

Dos de copas

Este naipe describe la relación entre dos personas y puede indicar una aventura amorosa, compromiso o matrimonio, una amistad o una sociedad empresarial. Denota compatibilidad, armonía y equilibrio emocional en una relación personal o profesional, y la reconciliación tras una pelea o separación. Es un buen naipe si el consultante está pensando en iniciar una relación, pues sugiere que el compañero es cariñoso y de confianza.

Invertido, este naipe sugiere que el consultante puede tener una relación o sociedad imperfectas.

Dos de bastos

Este naipe sugiere que el consultante está preparado para tomar una decisión de futuro. Se le ofrecen nuevas oportunidades y deberá actuar según su intuición y tener el valor de seguir su visión. Tal vez ya ha llegado muy lejos, pero ahora es el momento de tomar la iniciativa para conseguir su objetivo o ambición. Podría referirse a una decisión profesional, como la formación de una sociedad o embarcarse en una empresa conjunta. Invertida, el consultante decide aceptar un nuevo desafío.

Dos de oros

El consultante debe mantener el equilibrio en relación con asuntos prácticos y seguridad material, y usar sus fondos y recursos lo mejor que pueda. Deberá hacer malabares con dos situaciones al mismo tiempo y puede que dure un poco hasta que lo

consiga. Además, este naipe indica
que el consultante tiene el don,
capacidad, aplicación y resistencia
emocional y física para iniciar algo
nuevo y hacer que funcione. Invertido,
este naipe indica que para el consultante es muy difícil mantener el
equilibrio.

Dos de espadas

Este naipe suele indicar un callejón sin
salida o un punto muerto, sobre todo si
el consultante es incapaz de tomar una
decisión por miedo a las consecuencias. Se indica un desacuerdo o
conflicto con alguien, pero a menudo
es el consultante quien está en conflicto
con él mismo sobre una difícil decisión
que debe tomarse, y como resultado
permanece estancado. Se siente
atrapado en una situación a la que se
niega a enfrentarse, pero hasta que no
sea honesto consigo mismo y aclare las
cosas, no será capaz de actuar y
avanzar. Invertido, este naipe indica
que es más receptivo a aceptar ayuda
del exterior.

LOS TRESES

El tres es el número de la creatividad, crecimiento, acción, energía y entusiasmo. El consultante va a empezar a disfrutar de los frutos obtenidos con las sociedades iniciadas con los doses. Se resolverá cualquier problema acaecido en la última fase, y el consultante podrá avanzar hacia una fase más expansiva. El tres es un signo optimista, excepto el tres de espadas, que puede significar una decepción.

Acción
El tres de bastos del Tarot Morgan-Greer.

Entusiasmo
El tres de copas del Tarot Morgan-Greer.

Energía
*El tres de oros del
Tarot Morgan-Greer.*

Nubes en el horizonte
*El tres de espadas del
Tarot Morgan-Greer.*

Cuatro treses

Corazón atravesado
*Pérdida, separación y mal de
amores se asocian al
tres de espadas.*

Tres de copas

Con esta carta se asocian la felicidad y la buena fortuna. Podría indicar una celebración de felicidad (como el nacimiento de un hijo) o que se espera una feliz vida social. También podría tener lugar un nacimiento simbólico: puede ser que el consultante inicie algo en lo que vierta sus sentimientos. Una nueva fase creativa promete logros emocionales, y ahora se resolverán dificultades pasadas. Si el consultante ha estado enfermo, este naipe puede significar curación y una confianza renovada. Invertido, este naipe indica algún tipo de decepción.

Tres de bastos

Este naipe simboliza optimismo en relación con una nueva empresa. El consultante está lleno de entusiasmo e inspiración y está preparado para iniciar la nueva fase de algo que ya ha empezado. Se promete un resultado satisfactorio, aunque se requiere trabajo duro y esfuerzo antes de alcanzar la cima. No obstante, es un momento excelente para que el consultante fomente su talento, ya que tiene el valor de sus convicciones. Invertido, el naipe sugiere que consultante duda si embarcarse en algo nuevo.

Tres de oros

Su mensaje es que el esfuerzo constante lleva a la realización y el éxito. El consultante debe usar sus capacidades al máximo para poder sacar partido del éxito inicial alcanzado. Ahora puede desarrollar sus dones, así como cualquier proyecto en el que había estado trabajando. No sólo será recompensado por sus esfuerzos, sino que además se le valorará por sus logros, y disfrutará de la mayor satisfacción y orgullo obtenidos por haber hecho un buen trabajo. Invertida, esta carta sugiere que el consultante será indiferente ante la labor que se le presenta.

Tres de espadas

El consultante debería prepararse para una decepción o una sacudida. Algo va a finalizar, y suelen acompañarlo dolor y padecimiento. Se indica la rotura de una relación, una separación, o una amarga discusión, pero es inevitable y necesaria para limpiar el camino hacia el futuro. El consultante debe ser honesto consigo mismo, para poder hacer frente a esta incómoda situación y empezar el proceso de curación. Invertida, demuestra la no predisposición a enfrentarse a la sacudida.

LOS CUATROS

El cuatro es el número de la estabilidad, seguridad, estructura y orden, que en principio pueden parecer atributos positivos. Sin embargo, si aparece en una tirada, puede significar cosas diferentes, depeniendo de las expectativas y la situación del consultante. Puede denotar una sensación de alegría, aunque igualmente puede sugerir insatisfacción, y podría indicar que el consultante debe realizar un gran trabajo si desea alcanzar un nuevo statu quo.

Chico aburrido
*El cuatro de copas del
Tarot Universal Waite.*

Doncellas alegres
*El cuatro de bastos del
Tarot Universal Waite.*

Profeta pensativo

El cuatro de oros del Tarot Universal Waite.

Durmiente

El cuatro de espadas del Tarot Universal Waite.

Cuatro cuatros

Ansias de poseer
El cuatro de bastos hace un gran hincapié a las posesiones materiales.

presentes y responsabilizarse de su parálisis actual.

Cuatro de bastos

Esta carta indica un logro creativo y el consultante puede sentirse feliz por el éxito bien merecido: está recogiendo los frutos de su trabajo y percibe una sensación de bienestar tanto a nivel personal como profesional. El consultante disfrutará de un período de paz y tranquilidad, tal vez gracias a unas vacaciones. A continuación, deseará trabajar aún más con el fin de alcanzar sus metas.

Cuatro de copas

Las relaciones van a dar paso al aburrimiento y la insatisfacción, y el consultante sentirá un gran deseo de cambiar. Podría sentir resentimiento o decepción, tal vez porque no se han alcanzado sus expectativas, y como resultado se sienta deprimido. Sin embargo, existe la oportunidad de progresar, aunque lentamente, si el consultante desea adoptar un nuevo enfoque, al revalorar sus circunstancias

Cuatro de oros

Esta carta previene contra ser demasiado avaro o codicioso y aferrarse a las posesiones por miedo a perderlas. Si se aferra demasiado a lo que tiene, el consultante se estancará y dejará de crecer. Aunque la seguridad material y económica son importantes, si el consultante hace demasiado hincapié en estas cosas, es poco probable que alcance la sensación de bienestar que busca. Probablemente se sentirá bien consigo mismo cuando se percate de que su autoestima no depende de las posesiones.

Cuatro de espadas

Esta carta sugiere que el consultante necesita tiempo para estar solo, descansar y recuperarse. Podría indicar un período de convalescencia tras una enfermedad o una experiencia angustiosa, o un descanso bien merecido tras un período de trabajo duro. El consultante descansará del estrés y los esfuerzos de la vida y tendrá una oportunidad para recargar las pilas. Este período de aislamiento podrá ser decisión propia o externa, pero incluso si se trata de lo segundo, el consultante pronto reconocerá el beneficio de tener tiempo para sí mismo.

Como un cuadrado

Al igual que un cuadrado tiene cuatro lados, los cuatros sugieren la idea de estabilidad y orden: todos necesitamos algo de estructura en nuestras vidas.

LOS CINCOS

El cinco es el número del cambio y la incertidumbre. Si aparece un cinco en una tirada, puede representar sensación de pérdida y arrepentimiento, variabilidad o versatilidad. Habrá dificultades y obstáculos difíciles de superar (si de hecho pueden superarse) y podría haber pequeños problemas inevitables. Se necesitará habilidad para trabajar satisfactoriamente esta volátil energía.

Decepción
El cinco de copas del Tarot Thoth.

Lucha
El cinco de bastos del Tarot Thoth.

5

Worry

5

Derrota
El cinco de espadas del Tarot Thoth.

Defeat

Cuatro cincos

Desafortunado en el amor
*El mensaje del cinco de copas
podría ser una decepción
amorosa.*

Cinco de copas

A esta carta le acompaña un sentimiento de decepción y arrepentimiento. El consultante puede sentirse angustiado por la pérdida de una relación o por haber tomado una decisión equivocada. Puede que haya tenido lugar una pelea o una separación, pero aunque las cosas parecen desoladoras, aún queda algo de valor. En lugar de sentir lástima de sí mismo y permanecer en el pasado, el consultante debería reconocer que no esá todo perdido y que aún queda algo por lo que trabajar en el futuro. Invertida, esta carta significa que el consultante está preparado para ello.

Cinco de bastos

Esta carta sugiere que el consultante está preparado para enfrentarse al reto de competir con los demás, probando sus propias habilidades y superando obstáculos para alcanzar una ambición. Supondrá un esfuerzo y deberá tener valor y paciencia al hacer frente a una situación difícil. No hay nada fácil, y posiblemente tengan lugar retrasos y discusiones. Deberán atenderse contratos o acuerdos. Invertida, esta carta significa que el esfuerzo será incómodo, pero lo más positivo es el triunfo tras la adversidad.

Cinco de oros

Esta carta significa pérdida y dificultad. El consultante perderá la fe en sí mismo, tal vez porque ha sufrido pérdidas económicas o se siente empobrecido de alguna forma. Además, podría haber pérdidas o dificultades en la vida emocional del consultante. Éste dispone de una solución siempre que desee revisar su situación y se dé cuenta de que debe cambiar su actitud. Esta carta promete un nuevo inicio tanto en el nivel interior como en el económico. Invertida, la vida empieza a mejorar su aspecto.

Cinco de espadas

El consultante se siente sin fuerzas para hacer nada y acepta la derrota. Aceptar sus limitaciones le parece humillante, pero, a menos que se trague el orgullo, no podrá progresar. Lo productivo será centrarse en lo que puede lograr. Aunque esta carta sugiere algún tipo de pérdida, cuando se haya hecho frente a la situación honestamente, el consultante podrá avanzar. Invertida, indica que el consultante está listo para dar el paso.

El cinco

Los cincos suelen hacer referencia a pérdida, tristeza y remordimiento. Para estudiar casos prácticos ver pág. 164 y 200.

LOS SEISES

El seis es el número del equilibrio, la armonía y el servicio. Se asocia con el amor en el hogar y la familia, y denota logro, éxito y reconocimiento por el esfuerzo y el trabajo duro, una mezcla de satisfacción con el presente, y cosas buena del pasado. Si aparece en una tirada de tarot indica sensaciones y acontecimientos positivos: incluso el seis de espadas denota tiempos mejores.

Servicio
El seis de bastos del Tarot Morgan-Greer.

Armonía
El seis de copas del Tarot Morgan-Greer.

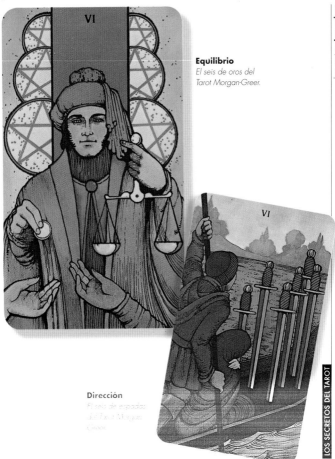

Equilibrio
*El seis de oros del
Tarot Morgan-Greer.*

Dirección
*El seis de espadas
del Tarot Morgan-
Greer.*

Cuatro seises

Generosidad
*El seis de oros es la carta que
representa dar y recibir.*

Seis de copas

consultante siente nostalgia y
recuerda la felicidad pasada. Tal
vez reaparezca un amado o viejo
amigo para ayudar. Un deseo de muchos años se convierte en realidad o
algo por lo que el consultante ha
trabajado da frutos. Se usará un don
creativo. Es la hora de sacar el máximo
partido a lo que el consultante tiene
ahora y combinarlo con los aspectos
positivos del pasado.

Seis de bastos

Es la carta del éxito bien merecido e
indica que los esfuerzos pasados del
consultante dan ahora su fruto. Sugiere
triunfo y victoria tras el esfuerzo, así como el disfrute del reconocimiento y la
recompensa por el trabajo duro. Habrá
buenas noticias para el consultante
(p.ej. la economía mejorará como resultado de un ascenso o algún otro
cambio positivo). Es hora de celebrar.

Seis de oros

El consultante vuelve a tener fe en la
naturaleza humana y a confiar en la
vida. Es la carta de dar y recibir, y
cuanto más benévolo y generoso hacia
los demás sea el consultante, más se
beneficiará él. Se pagará algún tipo
de deuda o el consultante ofrecerá
apoyo económico a alguien, o se
beneficiará de la generosidad de
alguien. Existe una sensación de
abundancia y el consultante estará
encantado con la idea de compartir
sus recursos con otros. Conocerá a
alguien que creerá en su talento, lo

que reflejará el reconocimiento del consultante de sus propias habilidades. Se disfrutará de una gran estabilidad.

Seis de espadas

El consultante saldrá pronto de una situación estresante. Se están resolviendo o superando dificultades y problemas, y el consultante avanza hacia un período más calmado y pacífico. Aunque no todo se resolverá de la noche a la mañana, las cosas van a mejor y el futuro promete. En ocasiones una mudanza o un viaje importante representa el final de un período triste o ansioso.

Los seises y el Árbol de la vida

Los cabalistas medievales creían que Dios creó el mundo mediante diez emanaciones de energía pura llamadas *sephiroth*. Para ayudar en sus meditaciones construyeron diagramas visuales de las diez emanaciones, la más conocida de las cuales era la estructura vertical del Árbol de la vida. En este diagrama los seises se hallan en el centro del Árbol de la vida.

LOS SIETES

El siete es el número de la sabiduría, la filosofía, la espiritualidad y las habilidades físicas. Muchos ciclos de la naturaleza corresponden con el número siete y puede indicar el final de un ciclo o la finalización de una fase. Deben tomarse decisiones. La tensión entre la imaginación creativa y la cruda realidad crea un desafío que se supera con habilidad, fuerza de voluntad, determinación y valor.

Agudeza
El siete de bastos del Tarot Universal Waite.

Riquezas espirituales
El siete de copas del Tarot Universal Waite.

Actitud filosófica
*El siete de espadas del
Tarot Universal Waite.*

Cosecha abundante
*El siete de oros del Tarot
Universal Waite.*

Cuatro sietes

Siete de espadas
Sugiere la necesidad de emplear astucia y tacto para enfrentarse a una situación difícil.

Siete de copas

La imaginación del consultante está muy activa; ahora mucho parece posible. El consultante deberá elegir entre diversas opciones. Es importante separar qué ideas son realistas y realizables, y cuáles mera fantasía, y ser tan honesto como pueda consigo mismo sobre lo que está a su alcance. Esto no será obvio y el consultante deberá ser práctico y prudente al decidir qué opción seguir. Invertida, la

carta sugiere que desea tomar los pasos necesarios para hacer realidad su decisión. Si se toma la decisión correcta, existe felicidad en potencia.

Siete de bastos

El consultante se enfrenta a algún tipo de prueba que requiere habilidad, valor y determinación de su parte. Aunque esto no será fácil, está bien equipado para desafiar el reto y vencer a pesar de los factores en contra. Los demás harán competencia y aunque el consultante deberá trabajar duro, finalmente obtendrá la recompensa. Se ven favorecidos los retos creativos y podría tener lugar un cambio de trabajo o profesión. Invertida, la carta puede significar que el consultante no tiene el valor de enfrentarse a la prueba.

Siete de oros

Aunque el consultante puede estar orgulloso de sus logros, no puede permitirse dormirse en los laureles. Los resultados que espera llegarán si mantiene en mente su objetivo. Si el consultante sufre ahora un revés, lo superará manteniéndose persistente y centrado. De forma similar, si se deben tomar algunas decisiones, el consultante deberá considerarlas muy atentamente antes de actuar. La paciencia y el compromiso firme asegurarán el crecimiento sostenido, pero si la carta está invertida, el consultante acabará agitado e insatisfecho.

Siete de espadas

Esta carta hace hincapié en la necesidad de astucia, tacto y diplomacia para hacer frente a una situación difícil o alcanzar un objectivo. Aunque adoptar tal estrategia puede dejar al consultante con una incómoda sensación, es necesario, ya que un enfrentamiento directo sería contraproducente. Si el consultante se enfrenta a una oposición poderosa, deberá actuar de forma hábil e inteligente para evitar un choque. También debe vigilar que no le engañen. Invertida sugiere que el consultante desea ser prudente.

LOS OCHOS

El ocho es uno de los números más poderosos, y simboliza regeneración, transformación y cambio positivo. Significa éxito material, prosperidad mundana, así como poder espiritual y equilibrio entre fuerzas opuestas. Si un ocho aparece en una tirada, el consultante está frente a un período de convulsión en su vida personal o profesional (o en un nivel espiritual) que no será bienvenido hasta que se aclare.

Bajo el arcoiris
El ocho de bastos del Tarot Thoth.

Regeneración
El ocho de copas del Tarot Thoth.

Poder espiritual
*El ocho de espadas
del Tarot Thoth.*

Transformación
*El ocho of oros del Tarot
Thoth.*

Prudence

Interference

Cuatro ochos

Indecisión

El ocho de espadas significa el anhelo de ser libre pero el miedo a las consecuencias.

Ocho de copas

Esta carta indica cambio y convulsión. Una relación finalizará, y saber que no hay nada que pueda hacer para cambiarlo deprimirá o desilusionará al consultante. Es necesario acabar con algo que ha dejado de funcionar, aunque esto conlleve dolorosas decisiones. El consultante reconoce que es imposible crecer sin un nuevo inicio. Invertida, la carta indica que estará mejor en su peculiar situación.

Ocho de bastos

Tras un período de retraso, el consultante inicia un período emocionante y lleno de vida. Las cosas empiezan a moverse y el consultante está lleno de energía y entusiasmo por el proyecto que tiene entre manos. Esto podría conllevar un viaje al extranjero, una mudanza o buenas noticias del extranjero. Además, podría anunciar un período muy ajetreado en el trabajo, con mucha actividad mental. Sea lo que sea lo que inicie el consultante, tomará un mayor impulso, y aquello en lo que ya llevaba trabajando empezará a despegar. Invertida, significa que habrá retrasos.

Ocho de oros

El consultante siente una profunda sensación de satisfacción personal al utilizar correctamente su talento y habilidades. Estará desarrollando o perfeccionando sus habilidades, o descubriendo un nuevo don que podría conducir a una profesión emocional y económicamente gratificante. El consultante está preparado para desarrollar su potencial innato. Mediante trabajo duro, esfuerzo y una combinación entre habilidades prácticas y creativas, el consultante establecerá una base sólida para su trabajo y disfrutará de nuevo vigor por la vida, independientemente de la edad. Invertida, sugiere que el consultante está frustrado porque sus habilidades no alcanzan el éxito deseado.

Ocho de espadas

El consultante desea liberarse de una situación difícil o que le limita, pero no sabe cómo. Puede que tema actuar debido a las consecuencias. Existe tanto conflicto a su alrededor que duda enfrentarse, por lo que se ve atrapado por su propia indecisión. La situación no es tan difícil como cree, pero debe hacerle frente de la forma más honesta posible para avanzar, incluso si ello significa provocar un gran revuelo. Se dará cuenta de que es responsable del actual dilema. Invertida, significa que la solución está clara.

LOS NUEVES

El nueve es el número de las cuestiones humanitarias, la perfección y el amor superior. La cuestión de la satisfacción y el deseo de seguir adelante es pertinente siempre que aparezca un nueve en una tirada. Tanto el nueve de copas como el de oros son cartas de buen augurio y significan la consecución superior de un ideal, pero el nueve de espadas y el de bastos son mucho más desafiantes.

Satisfacción
El nueve de copas del Tarot Morgan-Greer.

Progreso
El nueve de bastos del Tarot Morgan-Greer

**Cuestiones
humanitarias**

*El nueve de espadas
del Tarot Morgan-
Greer*

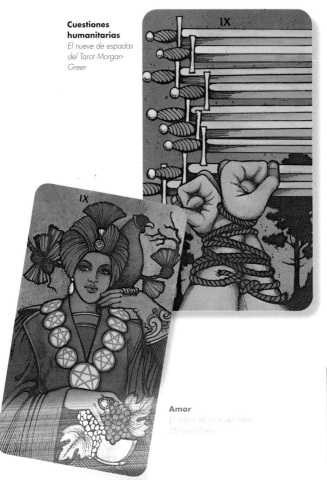

Amor

*El nueve de oros del Tarot
Morgan-Greer*

Cuatro nueves

Nueve de oros
*Esta carta describe bienestar,
alegría y una fuerte sensación
de autoestima.*

Nueve de copas

Se trata de la carta del deseo y promete la autorrealización. Se indica felicidad verdadera y satisfacción en el amor. Es una carta de buen augurio si el consultante va a casarse o a comprometerse de forma emocional. Esta estabilidad emocional y material permitirán al consultante sentirse en paz consigo mismo y con el mundo. Si debe tomar una decisión, el consultante debería seguir su corazón.

Invertida, el consultante puede mirar más allá de la mera satisfacción hacia un nivel más profundo de felicidad.

Nueve de bastos

Ésta es la carta del valor y la determinación para alcanzar el éxito, independientemente de la oposición o los obstáculos que se presenten. El consultante se encuentra en una posición fuerte desde la que puede avanzar porque intuitivamente sabe que está equipado para hacer frente a los retos que se le presenten. Debe prepararse para un revés en el camino hacia su objetivo y reconocer que tiene una reserva de fuerzas para seguir hasta el final. Invertida, desfallecen las fuerzas.

Nueve de oros

El consultante ha trabajado duro y ahora puede recoger los beneficios. Puede enorgullecerse de sus logros de forma justificada y saber que se ha ganado la profunda sensación de bienestar y satisfacción. Existe una fuerte sensación de unicidad y valor de lo que tiene que ofrecer y una apreciación de sus habilidades. El hecho de que no dependa de la aprobación de los demás para reconocer su valor le aporta fuerza y seguridad. Invertida, indica imprudencia al recoger los frutos de su trabajo.

Nueve de espadas

Una sensación de ansiedad y desesperación acompañan a esta carta. Tal vez el consultante tiene pesadillas o pensamientos negativos y esta angustia le estresa y deprime. Su sentimiento de culpa por algo ocurrido puede crear una sensación de presagio. Esta carta puede indicar sufrimiento pasado difícil de olvidar.

Estos miedos pueden convertirse en una profecía propensa a cumplirse, por lo que el consultante debe reconocer el papel que desempeñan en la creación de su realidad presente. Así, pronto se percatará de que esta situación no es tan desoladora como imaginaba. Si ha estado enfermo o ha padecido una pérdida, pronto se recuperará y recobrará la fe.

LOS DIECES

El diez es el número de la realización y marca el final de un ciclo y el inicio de otro, hacia el que transportamos la sabiduría de las experiencias obtenidas en el ciclo anterior. La forma en que las cartas reflejan esto difiere. El diez de copas y el diez de oros indican realización, mientras que el diez de bastos y el diez de espadas significan dificultades que pueden superarse.

Satisfacción
El diez de copas del Tarot Universal Waite.

Problemas
El diez de bastos del Tarot Universal Waite.

Realizacion

*El diez de oros del
Tarot Universal
Waite.*

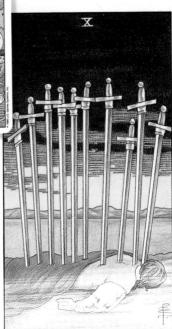

Desafio

*El diez de espadas
del Tarot Universal
Waite.*

Cuatro dieces

Diez de bastos
Esta carta describe una situación de agobio por cargas y responsabilidades.

Diez de bastos

Esta carta denota aceptar demasiadas responsabilidades y sentirse abrumado por ellas. El consultante pronto podrá iniciar una nueva fase creativa, pero sólo cuando abandone la actitud anticuada que le refrena. Es importante que el consultante reconozca los motivos por los que se fatiga, y, sin perder de vista su meta, no debería esperar tanto. Invertida, sugiere que no se da cuenta de que se está fatigando, por lo que se siente oprimido.

Diez de oros

Esta carta indica un período de alegría y felicidad, un camino seguro por la vida. El consultante ha completado algo y ahora disfruta tanto de seguridad emocional como material. Se percibe sensación de abundancia y bienestar. Se trata de la carta de la familia e indica encuentros familiares felices y sensación de pertenencia a ella. Quizás el consultante esté formando una familia o estableciendo un negocio que beneficiará a otros en

Diez de copas

Simboliza felicidad y satisfacción duraderas y la realización de los mayores deseos del consultante. Le rodea el amor de los amigos y la familia, y ahora puede disfrutar de armonía y realización emocional y espiritual. Tendrá lugar un acontecimiento feliz o una situación que signifique la culminación y realización de un sueño. Invertida, esta carta sugiere que no se da cuenta de lo feliz que es realmente.

el futuro. En ocasiones significa que el
consultante heredará dinero. Invertida,
a éste no le satisface la seguridad y
busca un reto.

Diez de espadas

Indica el final de una situación dolorosa
y el consultante se sentirá muy decaído.
Una separación y una profunda
sensación de pérdida personal son la
causa de una gran infelicidad, pero,
aunque son difíciles de sobrellevar, el
consultante pronto iniciará una nueva
fase y las cosas empezarán a mejorar.

Dejarse llevar por pensamientos
negativos empeorará la situación y
aunque el consultante se sienta
agotado emocionalmente, deberá
reunir el valor para salir de la
confusión y volver a empezar.

Si acepta la situación tal y como es,
aunque sea deprimente, hallará la
fuerza para superar la crisis y
finalmente saldrá reforzado y más
capacitado. Invertida, el consultante ya
se halla en la fase de aceptación.

LOS PAJES

El paje (también conocido como el príncipe) es la primera de las figuras y puede denotar tanto una situación como una persona en la vida del consultante. Si describe una situación, se trata de una muy nueva o que acaba de empezar. Si representa a una persona, se trata de un niño o algún aspecto nuevo de la personalidad del consultante que está emergiendo. Los cuatro pajes corresponden al elemento de la tierra.

Guerrero alado
El paje de copas del Tarot Thoth.

Prince of Wands

Espíritu punteagudo
El paje de bastos del Tarot Thoth.

Prince of Cups

Jugador poderoso
*El paje de oros del
Tarot Thoth.*

Prince of Disks

Gigante verde
*El paje de espadas
del tarot Thoth.*

Prince of Swords

Cuatro pajes

Dones escondidos
El paje de bastos indica potencial creativo esperando ser descubierto.

Paje de copas

Esta carta representa algún tipo de nacimiento. El consultante descubrirá una habilidad latente que está lista para ser desarrollada, o explorará una nueva línea de estudio. En el ámbito emocional se respirará un aire de renovación, y el consultante se sentirá capaz de volver a confiar en el amor tras un período de dolor y rechazo. También se indica amarse a uno mismo como requisito previo para amar a los demás. Una persona representada por esta carta será amable, cariñosa y dispuesta a ayudar al consultante de alguna forma, o bien podría describir a un niño sensible y artístico.

Paje de bastos

Suele indicar potencial creativo sin explotar. Se esperan buenas noticias, y nuevas y emocionantes oportunidades. El consultante tendrá una ráfaga de inspiración que le guiará. Deberá invertir tiempo y energía si nuevas posibilidades van a conducirle al éxito. Si esta carta representa a una persona, será enérgica, impulsiva y entusiasta.

Paje de oros

Si el consultante es paciente, diligente y trabajador, progresará de forma lenta pero continua, y finalmente sus esfuerzos se verán recompensados. Se dará una pequeña mejoría en la economía del consultante o en su perspectiva de obtener un ascenso. Además, iniciará un curso de formación o período de

estudios para fomentar sus perspectivas profesionales. Podría conocer a alguien práctico, de confianza y elocuente, y cuyas ganas de aprender actúen como catalizador de nuevas ideas; es una persona influyente.

Paje de espadas

El consultante pronto se encontrará en una situación donde deberá actuar con sigilo antes de tomar decisiones. Es aconsejable cierto grado de cautela, pues alguien desea perjudicar al consultante o, como mínimo, no le desea lo mejor. Se divisan noticias inesperadas que abrirán nuevas oportunidades en la vida del consultante, aunque debería actuar con precaución. Si esta carta representa a una persona, será inteligente, taimada, impredecible y de ideas independientes.

Pajes

Los pajes, o príncipes, pueden representar estados emocionales o tipos de caracteres. Determinadas personas podrán identificarse examinando sus características.

LOS CABALLEROS

La aparición de uno de los caballeros en una tirada puede representar tanto una situación como una persona. Si se trata de una situación, conllevará acción, movimiento y progreso. Si representa a una persona, será alguien joven, aventurero y activo. Existe la posibilidad de que algo o alguien nuevo esté a punto de entrar en la vida del consultante. Los cuatro caballeros corresponden al elemento de fuego.

Hacia adelante
El caballero de bastos del Tarot Thoth.

Aventurero
El caballero de copas del Tarot Thoth.

Activo
El caballero de espadas del Tarot Thoth.

Knight of Swords

Knight of Disks

Progresivo
El caballero de oros del Tarot Thoth.

Cuatro caballeros

Progreso
El caballero de oros indica que la paciencia y el progreso continuo conducen al éxito.

Caballero de copas

Esta carta indica que se divisa algo nuevo en el horizonte. Se ofrece una propuesta de alguna clase y el consultante necesitará considerar implicaciones prácticas antes de comprometerse. Se respira romance en el ambiente y el consultante se enamorará de alguien sensible, idealista e imaginativo. Además, él mismo se identificará con estas características.

Caballero de bastos

Esta carta simboliza viajes y mudanzas. El consultante viajará al extranjero, ya sea de vacaciones o de forma más permanente, o se mudará. Se percibe la sensación de que hay algo mejor a la vuelta de la esquina. El espíritu aventurero está a punto de entrar en la vida del consultante, quien está listo para adentrarse en lo desconocido. Si conoce a alguien cuya naturaleza está representada en esta carta, probablemente dicha persona sea encantadora y divertida, pero volátil y de poca confianza. Sin embargo, le inspirará a hacer algo nuevo y arriesgado.

Caballero de oros

Esta carta significa progreso lento pero continuo. Parece como si el consultante no llegara demasiado lejos o incluso hubiera alcanzado un punto muerto, pero, siempre que sea paciente y metódico, finalmente alcanzará su objetivo. Aunque la vida parezca sombría, debe esperar ser recompensado económicamente por sus esfuerzos y alegrarse de los resultados. Alguien dependiente, responsable y trabajador llegará a la vida del consultante y le ayudará en su camino hacia su ambición.

Caballero de espadas

Esta carta suele indicar una súbita necesidad de realizar un cambio drástico. El consultante adquirirá una nueva perspectiva que le abrirá horizontes y le motivará probar algo desconocido y diferente. Sin embargo, la carta también advierte sobre ser demasiado impulsivo o impaciente, pues esto podría causar estragos. Si el consultante se enfrenta a una difícil situación, deberá tratar el problema de frente y con firmeza. El caballero de espadas suele aparecer como un fuerte aliado que puede ayudar al consultante a resolver un conflicto o superar un obstáculo.

Sentido aventurero

Tal y como se espera, los caballeros suelen representar a emprendedores jóvenes, llenos de energía y en busca de aventuras o nuevos retos.

LAS REINAS

Representan a mujeres importantes en la vida del consultante. También pueden simbolizar un aspecto evidente de su personalidad o significativo en el momento de la lectura. Esto se refiere tanto a hombres como a mujeres. En una tirada a una consultante una reina puede representar a la propia consultante. Todas las reinas se corresponden con el elemento femenino del agua.

La reina de la concha
La reina de copas del Tarot Morgan-Greer.

La reina del girasol
La reina de bastos del Tarot Morgan-Greer.

La reina del roble
*La reina de oros del
Tarot Morgan-Greer.*

La reina de las rosas
*La reina de espadas del
Tarot Morgan-Greer.*

Cuatro reinas

Distante
*La reina de espadas es inteligen-
te y aguda, pero se la puede
aislar emocionalmente.*

Reina de copas

La reina de copas tiene una naturaleza intuitiva muy desarrollada y
armoniza con su mundo interior.
También puede poseer habilidades
psíquicas. Su naturaleza cariñosa y
sensibilidad hacia los demás la hace
una amiga maravillosa, y a menudo
será una fuente de apoyo para los demás. Si el consultante elige esta carta,
indica que necesita desarrollar una relación más profunda con su yo interior,
así conocerá mejor sus sentimientos.

Reina de bastos

La reina de bastos es una mujer socia-
ble, cálida, de buen corazón, leal e
independiente. También es extrovertida,
generosa y popular, y su naturaleza
compasiva lleva a los demás a confiar
en ella. Utiliza su intuición tanto en lo
personal como en lo profesional y es
una ama de casa y mujer de negocios
capacitada. Esta carta sugiere que el
consultante está listo para expresar las
mismas cualidades.

Reina de oros

La reina de oros es práctica, capaz e
independiente. Es muy trabajadora y
sus buenos ingresos le aportan comodidades y seguridad. Aunque puede que
sea materialista, también puede ser
generosa con los demás. Es tan feliz en
casa como en su trabajo. Esta carta
sugiere que el consultante tendrá la
oportunidad de ganar más dinero o
alcanzar algo de gran valor; o conocerá a una mujer que facilite este
proceso y actúe como gran fuente de
apoyo.

Reina de espadas

La reina de espadas es fuerte e inteligente, y bastante reservada. A pesar de, o debido a, su fuerza e imparcialidad, puede sentirse aislada emocionalmente y sola. Tradicionalmente esta carta representa a una viuda o divorciada o una mujer que prefiere ser independiente.

La reina de espadas se defiende contra la vulnerabilidad y espera cosas imposibles, lo que la aleja de los demás. Sus puntos fuertes son su mente aguda y calculadora, y su naturaleza resuelta, pero puede ser intolerante y crítica. Si el consultante se identifica con estas características, deberá abandonar ciertas creencias que le limitan, y permitir que otras personas le ayuden cuando lo necesite.

Madureza

Las reinas son maduras y serenas. El consultante debe tratar de pensar en alguien conocido con estas cualidades o puede que se trate de facetas de sí mismo.

LOS REYES

Representan bien a hombres importantes para el consultante, o bien un aspecto de la personalidad del consultante que necesita ser desarrollado, trabajado o controlado. El rey de cualquier palo es una carta poderosa, con diversos rasgos destacados del carácter. Si el consultante es un hombre, un rey puede representar su propia personalidad. Todos los reyes se identifican con el elemento masculino del aire.

Rey taimado
El rey de copas del Tarot Universal Waite.

Rey artístico
El rey de bastos del Tarot Universal Waite.

Rey místico
El rey de oros del Tarot Universal Waite.

KING of SWORDS.

KING of PENTACLES.

Rey puritano
El rey de espadas del Tarot Universal Waite.

Cuatro reyes

Hombre sabio
*El rey de copas es un hombre
compasivo y hábil, y posiblemente
un profesor o consejero.*

Rey de copas

Este hombre es amable y amistoso,
pero lento en demostrar su afecto,
y maestro en esconder las emociones. Sin embargo, empatiza fácilmente
con los demás, posiblemente como profesor o consejero. Esta carta indica que
el consultante recibirá un buen consejo
o que alguien lo sanará. También puede representar una parte del carácter
del consultante que debe desarrollarse
(posiblemente deba aprender a ser más
abierto y confiar en sus sentimientos).

Rey de bastos

Es un hombre de confianza, entusiasta
y resuelto, con la capacidad de inspirar
y motivar a los demás. Tiene el valor de
sus convicciones, y debido a que es un
buen comunicador, consigue promocio-
narse a sí mismo y sus ideas. Su
integridad y capacidad de liderazgo
hacen que se confíe en y dependa de
él, y suele actuar como mediador.
Suele iniciar proyectos pero son otros
los que hacen el trabajo duro. Si el
consultante está iniciando una nueva
empresa o realizando cambios
emocionantes en su vida, puede hacer
uso de las cualidades positivas de esta
carta para que lo ayuden a tener éxito.

Rey de oros

Es un hombre leal y afable que valora
la estabilidad y la seguridad. Trabaja
duro y goza de los beneficios materiales de su trabajo. Es más práctico que
intelectual, pero respetado y de entera
confianza. Se le dan bien los negocios
y es un maestro en las finanzas. Esta
carta denota buenos presagios en

aventuras empresariales y en la situación financiera del consultante. Un mayor reconocimiento de las capacidades del consultante le aportarán una mayor confianza en sí mismo.

Rey de espadas

Es un hombre inteligente, poderoso, ético y analítico. Le gusta ser la autoridad y es independiente por naturaleza: no le gusta que se le impongan restricciones. Ha aprendido a controlar sus emociones y se acercará a una situación de una forma muy lógica y racional. Su mente es innovadora y puede ofrecer al consultante una estrategia al enfrentarse a una situación difícil. El consultante está listo para mirar algo desde una nueva perspectiva que provocará un avance profesional.

Rey por un día

Como la carta final del palo, el rey representa madurez y sabiduría obtenida de la experiencia pasada. El rey puede representar facetas de un consultante masculino o femenino.

EL TAROT
EN ACCIÓN

Aprender tarot es como aprender un idioma nuevo, y leer y comprender el significado de las cartas de forma fluida requiere tiempo. La mejor forma de desarrollar su conocimiento es mediante lecturas de prueba. Todos los sistemas de adivinación trabajan a través de la comprensión de patrones. ✍ A la hora de aprender tarot, aceptar que las cartas que elige el consultante en un momento determinado formarán un patrón que le dirá algo significativo sobre su vida se convierte en un acto de fe. ✍ No hay nadie que sepa con seguridad por qué el patrón entre las cartas y la realidad del consultante se reflejan de forma tan hermosa. Esto forma parte del misterio inherente al tarot.

Preparación para la consulta de las cartas

Es importante disponer el escenario para la lectura de tarot y crear el ambiente adecuado. Una lectura de tarot es una forma de sacar a la luz impresiones inconscientes e intuiciones y revelaciones, y para ello es necesario calmar la mente consciente. Si el lector o el consultante están agitados o en un estado emocional tenso, será difícil centrarse en la lectura. Algunos rituales sencillos como encender incienso o pronunciar una oración ayudarán a entrar en un estado receptivo y meditativo, y a crear un ambiente positivo a la consulta. Observar determinados rituales también proporciona un contexto formal para la lectura. Empezar la consulta con una rutina ordenada y establecida proporciona un marco de trabajo seguro.

Disponer el escenario

Al realizar una lectura de tarot lo mejor es estar a solas con el consultante en una habitación tranquila, de forma que

Preparación
Prepárese durante unos minutos antes de iniciar la lectura.

no haya distracciones externas. Destine unos minutos para Vd. antes de iniciar la lectura y realice los rituales que le hagan encontrarse cómodo y crear el escenario de trabajo perfecto. A algunas personas les gusta "realizar un viaje interior" durante unos minutos para dejarse guiar por su propio *yo* interior. Existen muchas técnicas de meditación a su alcance, o bien Vd. podría crear la suya propia.

Crear un lugar cómodo

Asegúrese de que está sentado cómodamente antes de iniciar la lectura. Puede sentarse o estar de rodillas sobre el suelo y situar las cartas en una mesa baja o realizar la lectura en una mesa normal. Ésta debe ser lo suficientemente grande como para extender en ella todas las cartas que esté usando, así como cualquier otra cosa que desee colocar en ella: una fuente con pétalos flotando en agua, una selección de cristales o cualquier cosa con un significado especial para Vd. Asegúrese de que la apariencia general de la mesa no sea incómoda o confusa. Si envuelve las cartas con una tela de seda negra, ésta podría servir de superficie ideal para extender las cartas.

Rituales del tarot

Para más consejos sobre cómo prepararse para una lectura de tarot, ver pág. 28-33. No es vital realizar un ritual establecido, pero le ayuda a centrarse y a aclarar su mente.

EL SIGNIFICADOR

Algunos lectores de tarot escogen una carta conocida como el significador, que representa al consultante. Suele ser una figura elegida en base al signo zodiacal del consultante, o al azar. Esta carta puede situarse a un lado o formar parte de la tirada, y suele ayudar al lector a centrarse antes de la lectura. Una desventaja de preseleccionar una carta es que ésta deja de formar parte de la baraja, por lo que podría haber tenido un significado de haber salido en la lectura de forma espontánea.

Elección al azar
El significador también puede escogerse al azar.

Significador
Puede ser bien una figura o tener una relación astrológica.

Lectura antigua

Las cartas de tarot llevan circulando cientos de años. Ésta es la ilustración más antigua que se conoce en que se juega a tarocco (ver pág. 12), aprox. del año 1400.

Situación

Tras escoger un significador, se sitúa bien a un lado, o forma parte de la tirada.

El consultante se encuentra cómodo.

La lectora está relajada.

Se extienden las carta.

Consultar a
las cartas de tarot

Guía
*Al dirigirse a una lectura de tarot
ayuda tener una pregunta en
mente.*

El consultante debería realizar una pregunta a las cartas. Ésta puede mantenerse en privado o revelarse al lector, pero debería referirse a un solo tema. En ocasiones una lectura tratará una cuestión totalmente diferente a la preguntada. Esto ocurre porque el consultante no es consciente de esta cuestión o teme enfrentarse a ella. Afortunadamente, las cartas suelen ofrecer revelaciones que iluminan el camino.

Qué preguntas formular

Éstas suelen ser generales (para alcanzar una visión general de la situación actual del consultante), aunque también pueden ser concretas. En todo caso, evite preguntas que requieran una respuesta de sí o no, o preguntas como: "¿Cuándo conoceré a la persona de mis sueños?" o "¿Cuánto tendré que esperar hasta que me asciendan?" En su lugar, formule preguntas más abiertas, como: "¿Qué cuestiones o problemas existen alrededor de...?", "¿Cómo puedo superar estos problemas?" o "¿Cuál es la mejor forma de...?"

Respuestas a las preguntas

Jamás presente información al consultante como verdad absoluta o sugiera que un suceso o estado mental no conlleva decisión alguna. El tarot presenta una perspectiva a una situación pero, contrariamente a lo que muchos piensan, no determina un resultado fijado ni aporta todas las respuestas.

Si de la lectura resultan dificultades
o infelicidad, sugiérale al consultante
que ésta es una parte necesaria del
proceso y que se hallará una solución
cuando comprenda el significado de la
experiencia. Si se observa el
significado general de las cartas se
obtendrán claves de los motivos subyacentes de la situación actual.

Hojas de trabajo

Es una buena idea crear hojas de trabajo, donde anotar sus lecturas, así
como el significado de cada carta, y, a
medida que aumenta su conocimiento
de las cartas, añadir sus interpretaciones de cada una. Experimente formas
diferentes de hacerlo hasta hallar un
método con el que se sienta cómodo.

Momento de preguntar

Las lecturas de tarot no ofrecen respuestas
definitivas. La relación entre el lector, el consultante y las cartas es compleja y les ofrece
información para que tomen decisiones.

149

BARAJAR LAS CARTAS

Antes de empezar, baraje bien las cartas. Si no va a utilizar significados invertidos, lo mejor será mantener las cartas derechas mientras hace esto. Déle la baraja al consultante para que baraje, y pídale que piense una pregunta mientras lo hace. A continuación, pídale que corte la baraja en tres montoncitos, y colóquelos boca abajo. El corte de las cartas suele realizarse con la mano izquierda, pues así se conecta con el lado intuitivo del cerebro. A continuación pídale al consultante que junte los tres montoncitos antes de que se los devuelva.

Bien barajadas

Asegúrese de que las cartas estén bien barajadas y la baraja totalmente extendida.

En montoncitos

Junte las cartas y pídale al consultante que corte la baraja en tres, con la mano izquierda.

Buena estrella

*La estrella arroja espe-
ranza en medio de la
adversidad. Presagia
felicidad verdadera.*

Encima

*Con la mano izquierda, colo-
que el último montoncito en
medio, y luego ambos montoncitos sobre el primero.*

XVII

THE STAR

Determinar el significado de las cartas

Cuaderno
Anote las cartas y estudie cómo se interrelacionan.

todas, teniendo cuidado de hacerlo por los lados, y no por los extremos, lo que haría que se invirtieran.

Si no tiene en cuenta significados invertidos, ponga al derecho aquellas cartas que se hayan invertido accidentalmente. Si el consultante se sienta enfrente de Vd., debe tener las cartas al derecho.

Visión general

Al empezar una lectura estudie todas las cartas de la tirada y observe cómo se relacionan unas con otras en general. Perciba el sentido general de la lectura: ¿Se trata de una sensación de alegría y crecimiento, o de decepción y dificultades? ¿Cuántos arcanos mayores hay? ¿Existe un palo dominante? A medida que examina las cartas de forma más detallada, deje que su intuición extraiga el significado de las cartas que sean más relevantes para la lectura. Mientras mira la disposición de las cartas, compárelas y muéstrele al consultante cómo se

S i hace uso de significados invertidos es importante que mantenga las cartas de la misma forma en que se las hayan entregado, o la lectura será al revés. A continuación tome el número de cartas correspondiente de la parte superior de la baraja y colóquelas boca abajo de acuerdo con el modelo de tirada que haya elegido. Ahora puede darles la vuelta a

interrelacionan, cómo el pasado se conecta con el presente y si la tendencia general es hacia arriba o hacia abajo.

Conclusiones de las cartas

Al principio la síntesis de las cartas se convertirá en un desafío, debido a que hay muchos factores que deben tenerse en cuenta. A menudo la primera impresión que se tiene de una carta o lectura difiere de la conclusión final, y de igual manera el significado de una carta podría cambiar dentro del contexto general de la lectura. Trate de resumirle al consultante los puntos principales de la lectura. Esto también le ayudará a familiarizarse con el significado de las cartas.

¿Qué tirada?

Se usan tiradas diferentes con propósitos diferentes. Realice tiradas de prueba para ver cuál es la que mejor funciona con Vd., o elija aquélla con la que se sienta más cómodo.

LA TIRADA A TRES CARTAS

Ésta se usa para responder a una pregunta concreta. Se pide al consultante que baraje, corte la baraja y tome tres cartas al azar. Éstas se colocan de forma lineal: la primera indica el pasado, la segunda, el presente, y la tercera, el futuro. También puede usarse esta tirada para determinar el día que está por llegar, donde las cartas representan la mañana, la tarde y la noche.

PASADO   PRESENTE   FUTURO

Tiempo de cambio

El cuatro de copas revela que el aburrimiento y la insatisfacción con el statu quo han precipitado una revaloración. El ocho de bastos en el presente sugiere que se abre una nueva y emocionante fase en la vida, y el dos de copas indica la posibilidad de formar una nueva relación en el futuro.

PASADO   PRESENTE   FUTURO

Emoción a la vista

El diez de bastos significa agotamiento tras haber abarcado demasiado y la necesidad de evaluar lo que ha conducido a esta situación. Esto lo indica El ermitaño, que denota un tiempo de reflexión para alcanzar un mayor entendimiento. El caballero de bastos indica que se divisa una nueva fase creativa y hay algo emocionante que esperar.

PASADO   PRESENTE   FUTURO

Feliz horizonte

El emperador sugiere que el consultante se ha centrado en preocupaciones mundanas y en alcanzar sus ambiciones. El nueve de espadas en el presente, sin embargo, indica que existe mucha angustia mental que amenaza con arruinar su sensación de logro. Afortunadamente, El Sol promete que la oscuridad se desvanecerá y resultarán la felicidad y el éxito.

PASADO   PRESENTE   FUTURO

Hacer un sacrificio

El dos de bastos indica una oportunidad pasada para alcanzar un objetivo, pero al aparecer El carro en el presente indica un conflicto en cuanto a qué dirección tomar. El ocho de copas denota que deberá realizarse algún tipo de sacrificio antes de poder empezar una nueva fase.

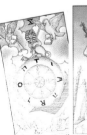  

Caso práctico

Michael obtuvo esta tirada a tres cartas (ver pág. 156).

Lectura de tres cartas

Duda profesional
Michael deseaba información sobre un posible cambio de profesión.

Michael, de 27 años de edad, estaba preocupado por las perspectivas de un cambio de profesión. Trabajaba de comercial, pero se sentía atraído por una profesión sanitaria y estaba interesado en formarse como acupuntor. No le había comentado esto a nadie, pues le preocupaba qué pensarían los demás. Percibía buenos ingresos y debería cambiar su estilo de vida drásticamente si decidía volver a ser estudiante. Sacó las tres cartas siguientes.

Primera: Rueda de la fortuna

Esta carta sugiere que Michael había alcanzado el final de un ciclo y estaba preparado para realizar un cambio completo. Naturalmente existía la duda sobre si sería un cambio positivo o negativo, pues se abandonaría la situación actual de forma radical. Tenía el presentimiento de que estaba predestinado a este cambio de profesión y que de alguna forma inexplicable su destino era curar, lo que ciertamente venía a confirmar esta carta. Se le estaba presentando una oportunidad para crecer, aunque al principio las perspectivas serían desalentadoras, sobre todo porque debería dejar de lado aquello que conocía mejor.

Segunda: siete de bastos

Esto indicaba un cambio de trabajo. También resaltaba el reto ante el que se enfrentaría al abandonar la seguridad de su trabajo e iniciar una profesión totalmente nueva. Hallaría competencia de los demás y debería trabajar duro para dar prueba de su valor.

Se indicaba que debería luchar ante
una gran oposición de sus amigos o
familia ante la decisión tomada. También se indicaba que tenía las
herramientas para enfrentarse al desafío, aunque sería necesario trabajo
duro para alcanzar su ambición.

Tercera: El mago

El Mago representaba a la perfección
el talento y las habilidades latentes que
Michael todavía debía desarrollar. Sacar esta carta le animó a embarcarse
en una profesión que le daría la oportunidad de desarrollarse. A pesar de
los retos que se presentaban, contaba
con la determinación y confianza en sí
mismo que lo harían avanzar y desarrollar su potencial sin explotar. Michael
había alcanzado un punto de inflexión
importante en su vida y las decisiones
que tomaría darían forma a su futuro.
En el proceso de toma de decisión le
ayudaría mucho seguir su propia intuición y conocimiento de sí mismo y no
dejarse manipular por los demás.

LA TIRADA A SEIS CARTAS

Ésta usa sólo los arcanos mayores y se consulta para asuntos importantes o para responder a una pregunta vital. Baraje las cartas y pídale al consultante que las corte en tres montoncitos, boca abajo. Ponga los tres montoncitos boca arriba, tome las tres cartas de arriba de cada montoncito y colóquelas de forma lineal, de izquierda a derecha. A continuación pídale al consultante que tome las tres cartas siguientes y forme otra fila.

Jane (40 años) necesitaba una lectura en relación a sus relaciones de pareja. Había tenido varias, pero ninguna le había hecho sentirse satisfecha o realizada. Sentía que tenía mucho que ver con el hecho de que ella lo daba todo y no se la reconocía. Su actual relación era muy nueva y ya estaba encontrando dificultades. Poco después de conocerse, su pareja se había vuelto caprichosa, exigente y posesiva. Esperaba que la lectura arrojara algo de luz sobre por qué siempre tenía los mismos problemas con los hombres.

1

el
consultante

2

corazón
del asunto

3

influencias
útiles

4

lo
inesperado

5

deseos
inconscientes

6

resultado
concebible

La tirada a seis cartas

*El lector y el consultante interactúan
para producir la tirada.*

THE HERMIT.

EL ERMITAÑO

THE TOWER.

LA TORRE

STRENGTH.

LA FUERZA

THE LOVERS.

LOS ENAMORADOS

THE HIEROPHANT.

EL SUMO SACERDOTE

TEMPERANCE.

LA TEMPLANZA

Caso práctico

*Jane obtuvo esta tirada a seis
cartas (ver pág. 160).*

Lectura de seis cartas

Relaciones
Jane deseaba resolver un dilema de pareja y buscaba orientación.

Carta 1: El ermitaño

Indicaba que Jane necesitaba tiempo para reflexionar sobre su modelo de relación algo traumático, así como observar dónde se encontraba en su relación actual. Se trataba de una prueba para Jane, ya que admitía que aunque una relación fuera mala, prefería estar con alguien a estar sola. El Ermitaño sugería que podía descubrir mucho sobre sí misma y las respuestas a sus preguntas que buscaba si era paciente y dedicaba algo de tiempo a sí misma.

Carta 2: La torre

Ésta insistía en el hecho de que era el momento de que Jane reflexionara sobre sus valores y relaciones con los demás. Empezaba a reconocer que su atracción por hombres que no le convenían se basaba en un miedo a la intimidad. Esto le hacía mantener relaciones que la inhibían y no le permitían expresarse como era. Esta dinámica sólo cambiaría con una mayor reevaluación de sí misma.

Carta 3: La fuerza

La Fuerza en el lugar de Influencias útiles sugería que independientemente de lo desafiante que fuera para Jane enfrentarse a ella misma y modificar algunos aspectos fundamentales de su vida, estaba determinada a hacerlo. Iniciar estos cambios aumentaría su autoestima y ayudaría a integrar los aspectos más positivos de su naturaleza.

Carta 4: Los enamorados

Confirmaban el hecho de que Jane se estaba enfrentando a una decisión en el ámbito de las relaciones. Se examinaría su relación actual al empezar a cuestionarse los motivos de estar con su pareja, y ahora podía descubrir lo que más valoraba y de esta manera vivir según su yo verdadero.

Carta 5: El sumo sacerdote

Éste apareció en el lugar del inconsciente, lo que indicaba que ya era hora de que Jane hallara un contexto más significativo y espiritual para su vida. A resultas de la crisis que estaba atravesando, conocería a alguien que la guiaría hacia un mayor conocimiento de sí misma.

Carta 6: La templanza

Se trataba de una carta de esperanza, y sugería que siempre y cuando dedicara tiempo para explorar y reevaluar sus sentimientos, cabía la oportunidad de hallar una relación feliz y armónica. En lugar de ser ella siempre la que diera, podría alcanzar un mayor equilibrio y un tipo de relación más equitativa.

LA TIRADA A NUEVE CARTAS

Ésta cubre pasado, presente y futuro, y es especialmente útil para destapar la raíz de un problema en concreto. Rick (25 años) consultó esta tirada por problemas de salud. Llevaba padeciendo dolores de cabeza crónicos y fatiga, pero los diversos exámenes realizados no habían hallado explicación médica alguna a su patología. Su anterior relación había acabado de forma traumática, debido a que no había sido capaz de comprometerse. Rick esperaba que las cartas le revelaran la razón subyacente más profunda de su "incomodidad".

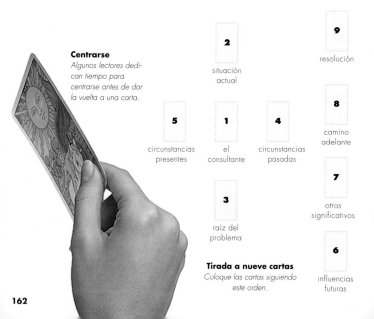

Centrarse
Algunos lectores dedican tiempo para centrarse antes de dar la vuelta a una carta.

2
situación
actual

9
resolución

5
circunstancias
presentes

1
el
consultante

4
circunstancias
pasadas

8
camino
adelante

3
raíz del
problema

7
otros
significativos

6
influencias
futuras

Tirada a nueve cartas
Coloque las cartas siguiendo este orden.

162

TRES DE ESPADAS

SEIS DE COPAS

LA MUERTE

OCHO DE COPAS

CINCO DE COPAS

Estudio práctico

Rick obtiene esta tirada a nueve cartas (ver pág. 164)

NUEVE DE COPAS

NUEVE DE BASTOS

REINA DE BASTOS

PAJE DE COPAS

Lectura de nueve cartas

Problemas
Problemas de salud y el final de una relación llevaron a Rick a consultar las cartas.

Carta 1: La muerte

Esta carta sugería que Rick debía abandonar su forma de vida actual. Era necesario un cambio completo, de forma que se liberara de aquello con lo que se estuviera cargando y empezar de nuevo.

Carta 2: tres de espadas

Sugería que posiblemente no había aceptado la rotura de su relación y el efecto negativo que estaba causando en su vida y salud. Era importante que se diera cuenta de lo infeliz que era.

Carta 3: cinco de copas

Ésta carta resaltaba la decepción y arrepentimiento de Rick por haber decidido cortar con su novia. Obviamente esto le inquietaba mucho y le angustiaba su capacidad de mantener una relación a largo plazo. Esta carta sugería que no todo estaba perdido y que aún había algo en lo que trabajar.

Carta 4: ocho de copas

La aparición de esta carta evidenciaba la depresión que Rick había experimentado y el dolor que había sufrido por la pérdida de su última relación.

Carta 5: seis de copas

Esta carta describía de forma muy sucinta la nostalgia que Rick sentía por tiempos pasados más felices vividos con su novia. También sugería que su antiguo amor podría reaparecer en su vida, y, si así fuera, tendrían la oportunidad de reconstruir una vida juntos basada en las lecciones aprendidas a partir de lo ocurrido en el pasado.

Carta 6: paje de copas

El mensaje de esta carta era renovación emocional: tras un período de dolor y abandono, Rick necesitaba perdonarse a sí mismo y dejar de castigarse por los errores del pasado, y su corazón se abriría al amor.

Carta 7: reina de bastos

La mujer de la que Rick aún estaba enamorado aparecía aquí cálida, cariñosa, leal y compasiva. Si le confiaba sus sentimientos, tendría muchas posibilidades de volver a conquistarla.

Carta 8: nueve de bastos

Un revés o retraso en la persecución del objetivo de Rick no acabarían con su determinación. Sabía lo que quería y cualquier obstáculo en el camino no haría más que reforzar su resolución.

Carta 9: nueve de copas

Un resultado feliz. Parecía como si Rick estuviera preparado para comprometerse de forma emocional y disfrutar finalmente de la felicidad verdadera.

El tarot en acción **Lectura de nueve cartas**

LOS SECRETOS DEL TAROT

165

LA TIRADA A NUEVE CARTAS: 2

Se usó esta tirada cuando Sally (25 años) fue a una lectura. Trabajaba de asesora financiera. En el trabajo era muy enérgica y trabajaba muchas horas. Había alcanzado una encrucijada en su vida y se debatía entre aceptar un ascenso que supondría más responsibilidad y aún más horas, o tener un hijo. A su marido le encantaba la idea de formar una familia. Sally sentía emociones opuestas.

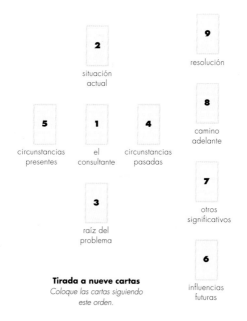

2
situación
actual

9
resolución

5
circunstancias
presentes

1
el
consultante

4
circunstancias
pasadas

8
camino
adelante

3
raíz del
problema

7
otros
significativos

Tirada a nueve cartas
*Coloque las cartas siguiendo
este orden.*

6
influencias
futuras

TRES DE COPAS

DOS DE ESPADAS

SEIS DE ESPADAS

SIETE DE OROS   LA EMPERATRIZ   SIETE DE ESPADAS

CABALLERO DE ESPADAS

EL CARRO

Estudio práctico

Sally obtuvo esta tirada a nueve
cartas (ver pág. 168).

REINA DE COPAS

Lectura de nueve cartas

Dilema
Sally debía tomar una decisión vital: ¿familia o profesión?

Carta 1: La emperatriz

Aunque Sally aún no se veía como madre, esta carta indicaba la posibilidad de quedarse embarazada y dar a luz. Sentía una gran necesidad de armonía y bienestar emocional y estaba entrando en un ciclo en el que la necesidad de nutrir su cuerpo era de gran importancia.

Carta 2: dos de espadas

Reflejaba un punto muerto: Sally era incapaz de tomar una decisión. Esto provocó una discusión con su marido.

Carta 3: El carro

Indicaba la batalla de Sally: decidir entre su profesión o un bebé la torturaba y le creaba mucha tensión interior.

Carta 4: siete de espadas

Reflejaba la incómoda sensación que Sally tenía por no tratar directamente sus sensaciones ambivalentes y discutirlas con su marido.

Carta 5: siete de oros

Una clara perspectiva en la situación de Sally. Debía reflexionar detenidamente si optar por el ascenso o dirigir todas sus energías en ser madre.

Carta 6: reina de copas

Al aparecer esta carta, Sally debía dejarse llevar más por su intuición. Si armonizaba con sus sentimientos también sería más sensible hacia los que la rodeaban. Esto no sólo la ayudaría a tomar la decisión correcta, sino que además comprendería mejor a su marido.

Carta 7: caballero de espadas

Representaba un gran aliado de Sally
que le ayudaría a resolver su conflicto
actual. Se trataría de un compañero,
hermano o amigo. Tendría el poder de
motivarla a probar algo desconocido y
diferente. Esto también podría sugerir
que Sally debía tratar la situación y no
andarse con dilaciones si deseaba ser
eficaz.

Carta 8: seis de espadas

Ésta era una carta de aliento para Sally
e indicaba que pronto dejaría atrás la
estresante situación en la que se halla-
ba y resolvería su dilema. El futuro era
optimista y se divisaba un período
menos angustioso.

Carta 9: tres de copas

Le esperaba un período de realización
emocional y pronto podría dejar atrás
el pasado. Se iniciaba una nueva fase
creativa y en las cartas aparecía una
feliz culminación, quizás el nacimiento
de un bebé.

LECTURA DE LOS PALOS

Los cuatro palos de los arcanos menores representan los cuatro elementos: fuego, aire, tierra y agua. Si en una tirada domina un palo, quiere decir que las cualidades que ese palo representa son de suma importancia para la lectura. Aunque el significado que aportan los arcanos mayores tiene más peso que el de los arcanos menores, los palos aportan gran claridad y profundidad.

BASTOS

COPAS

Elementos
Los lectores de tarot entienden los palos en relación con sus elementos naturales.

Ocho de copas
Se indica rendición y abandono de una situación dolorosa.

Ocho de bastos
Su mensaje es movimiento tras un período de retraso.

ESPADAS

OROS

Ocho de oros
*Significa una nueva
oportunidad profesional.*

Ocho de espadas
*Describe una situación difícil
de abordar.*

Los cuatro elementos

Los cuatro elementos
*Agua, tierra, fuego y aire. Cada uno
representa determinadas cualidades y
afinidades.*

Los cuatro elementos se hallan en
muchas tradiciones esotéricas (la
alquimia medieval y el chamanismo, p. ej.). Se interrelacionan y sirven
de sustento de la vida. Sin embargo,
desequilibrados pueden afectar negati-
vamente, y el exceso de un elemento
puede ser destructivo. Los elementos
también recuerdan a las estaciones, y a
medida que se familiarice con el tarot
las imágenes naturales de los elementos
también pasarán a serle familiares. En
la época medieval, los artistas
equiparaban los antiguos símbolos
astrológicos del león, el toro, el águila

y el ángel con los cuatro elementos
cardinales y las cuatro estaciones. Pos-
teriormente se asociaron con la palabra
hebrea *Jehová*, considerada la energía
dirigida de forma consciente a partir de
la cual se creó todo el universo.

Dominio

Si dominan los bastos habrá una oportunidad para volver a crecer en el
ámbito profesional; si lo hacen las
copas se hará hincapié en asuntos
emocionales. Un predominio de los
oros dará gran importancia a los cinco
sentidos y el mundo material, y muchas
espadas denotarán un conflicto mental
o batalla espiritual, pero se hace frente
a la adversidad. En los arcanos menores, las figuras, así como las cartas
numeradas, pertenecen a palos, y los
elementos asociados con los palos
influyen en la personalidad de los
personajes representados.

El zodíaco

En astrología los doce signos del
zodíaco se dividen en los cuatro

elementos y existen algunas barajas de tarot que incorporan el simbolismo astrológico en su diseño. La división de los elementos en cuatro también se relaciona con los cuatro tipos de Jung: los sentimientos se asocian al fuego, las sensaciones, a la tierra, el pensamiento, al aire y la intuición, al agua.

Una forma de comprender el viaje de los palos del as al rey es viéndolos como un proceso creativo que empieza con la llama de la inspiración (el elemento del fuego). Ahora el elemento del agua absorbe el impulso inicial de realizar algo, y nuestra imaginación sueña con diversas maneras para dar nacimiento a la idea. Luego el elemento mental del aire planifica y desarrolla el concepto, hasta que la tierra, el elemento de la realización concreta, manifiesta la fase final del proyecto.

Elemental

Cada palo de los arcanos menores se asocia con un elemento. Éste influye en las personalidades y características representadas en las figuras.

LA TIRADA JUNGIANA

Animus, el principio masculino en la psicología jungiana, significa viento, aliento o espíritu. *Anima*, el femenino, se refiere al alma. En esta tirada, el *animus* representa la figura paterna, que nos dice lo que deberíamos hacer y cómo deberíamos ser, sin importar si es así como nuestro verdadero *yo* desea comportarse. La carta del *anima* representa la figura materna, que nos recuerda lo que debemos hacer por los demás y por nosotros mismos. La otra carta de la tirada es

el niño, y revela quiénes somos realmente y cómo nos expresaríamos de forma más auténtica si no existieran factores que nos inhibieran. Cuando haya barajado y cortado la baraja, tome una carta que represente el significador y tres más para el *animus*, *anima* y el niño.

Carl Jung

En la psicología jungiana cada hombre y mujer lleva una imagen interior del sexo opuesto, que suele encarnar todo lo que busca en el otro. Estas imágenes son inconscientes y suelen proyectarse sobre aquéllos cuyas cualidades coinciden con nuestra imagen interior. Jung describió estas imágenes inconscientes como *animus* y *anima*. Pasó gran parte de su vida estudiando mitología, alquimia y simbolismo.

EL LOCO

CABALLERO DE
BASTOS

LA LUNA

PAJE DE BASTOS

Estudio práctico
*Anita obtuvo esta tirada
jungiana (ver pág. 176).*

1	2	3	4
el significador	animus	anima	niño

La tirada jungiana
*Coloque las cartas
siguiendo este orden.*

Primer movimiento
*Baraje y corte las cartas
de la forma habitual antes
de disponerlas.*

Lectura jungiana: Anita

Nuevos pastos
Se divisaba una vida completamente nueva para Anita, que conllevaba cambiar de país.

Anita (26 años) llevaba varios años en un trabajo fijo pero aburrido. Recientemente había ido de vacaciones a Madagascar y se había enamorado del país y de alguien que conoció allí. Tras el regreso, la vida parecía apagada, y ansiaba volver al lugar que le había robado el corazón.

Carta 1: El loco

Esta carta era especialmente apropiada, pues indicaba que Anita estaba lista para empezar algo nuevo en su vida. También reflejaba el hecho de que su nueva aventura conllevaría un riesgo, debido a que Anita se dirigía hacia lo desconocido. No sabía de qué iba a vivir en Madagascar, pero estaba preparada para salirse del molde y El loco indicaba que se le abrían nuevos horizontes. Sin embargo, debía evitar la tentación de precipitarse a una nueva situación sin antes evaluar los pros y los contras. Probablemente su ingenuidad le ofuscaba el juicio.

Carta 2: caballero de bastos

Éste sugería que Anita se identificaba con la ardiente energía masculina de esta carta. El hombre del que se había enamorado también representaba esta imagen en concreto y su atracción hacia él reflejaba el hecho de que esas mismas cualidades estaban surgiendo en su propia psique. Le entusiasmaba la idea de hacer algo arriesgado, sobre todo al sentir que nunca antes había expresado completamente este lado de su naturaleza.

Carta 3: La Luna

Anita se encontraba bajo las garras de
sentimientos poderosos e inconscientes
que no le permitían tomar una decisión
objetiva. Su fantasía sobre empezar
una nueva vida no le dejaba pensar en
nada más y le costaba mucho separar
la realidad de la ficción. Se sentía em-
pujada a ir al extranjero y al mismo
tiempo le angustiaba dejar atrás su vida cotidiana y su mundo predecible y
seguro. La Luna sugería que podía estar
engañándose sobre lo que le deparaba
su nueva vida. Sólo el tiempo le diría si
sus sueños realmente tenían algún fun-
damento, y si en el extranjero hallaría
la felicidad.

Carta 4: paje de bastos

Se consolidaba el tema de la lectura.
Anita debía expresar su lado aventurero
y asir la emocionante oportunidad de
una nueva vida. Aunque los demás
consideraban su decisión precipitada e
impulsiva, realmente se sentía inspirada
a embarcarse en esta búsqueda y
seguir el deseo de su corazón.

Encrucijada

Esta tirada es perfecta si no se está seguro de qué dirección tomar en la vida.

LA TIRADA DE LAS OPCIONES: 1

Es una buena tirada para aquéllos que se encuentran en algún tipo de encrucijada en la vida, como John (65 años), profesor universitario a punto de jubilarse. Aunque anhelaba dedicar más tiempo a sus numerosas aficiones, también le atraía otra idea muy tentadora. Una editorial le había pedido que escribiera un libro y gran parte de la investigación conllevaría viajar. Esperaba que las cartas le aclararan sus opciones.

CARTA INICIAL

1   1

2   2

3   3

PRIMERA OPCIÓN   SEGUNDA OPCIÓN

Lectura del futuro

Esta lectura describe dos elecciones diferentes y sus posibles resultados.

CUATRO DE OROS

OCHO DE OROS

AS DE ESPADAS

CABALLERO DE
OROS

Estudio práctico

*John obtuvo esta tirada de
las opciones (ver pág.
180). Tras situar la carta
inicial, las cartas de
abajo, a la izquierda y la
derecha, representan sus
dos opciones.*

OCHO DE BASTOS

EL ERMITAÑO

EL MUNDO

Lectura de las opciones

Nuevos horizontes
A medida que se acercaba a su jubilación se acercaba un emocionante reto para John.

Carta inicial: ocho de oros

Significaba que John sentiría una gran sensación de satisfacción al hacer buen uso de su talento y capacidades, ya fuera disfrutando de sus aficiones o explotando su talento como escritor. Esto último le ofrecía la oportunidad de una nueva profesión que le recompensaría de forma emocional y lucrativa, y donde la edad no era una barrera. John estaba listo para desarrollar más su potencial y al trabajar sus capacidades, recobraría su vigor.

Opción 1: jubilación

Carta 1: cuatro de oros

Advertía a John contra aferrarse demasiado fuerte a lo que ya tenía, pues esto bloquearía su oportunidad de crecer y avanzar. La idea de John era vivir de forma muy frugal si se jubilaba, pues le preocupaba su seguridad económica. Esto amenazaba con arruinar su sensación de bienestar.

Carta 2: caballero de oros

Ilustraba la paz que adoptaría John si se jubilaba. La vida no sería desafiante ni emocionante, pero existiría una calma y previsión tranquilizadoras.

Carta 3: El ermitaño

El mensaje de esta carta era una existencia tranquila y contemplativa. Indicaba que John pasaría mucho tiempo solo durante su jubilación. El ritmo de su vida descendería considerablemente y se resignaría a envejecer y esperar su propia muerte.

Opción 2: escribir/viajar

Carta 1: as de espadas

Sugería cambio inevitable. Si John
aceptaba la oferta del libro, conectaría
con una poderosa energía mental
nueva que lo ayudaría a alcanzar el
reto. El gran poder de esta carta
mostraba que se alcanzaría mucho si
John elegía esta ruta.

Carta 2: ocho de bastos

Un período muy emocionante e inspirador en la vida de John. Todo parecía
estar fijado para ir bien y la vida profesional de John despegaría como no
podría haber imaginado jamás.

Carta 3: El mundo

Éxito mundano y profunda sensación de
logro. Ganaría mucho si tomaba este
camino y sería generosamente recompensado por sus esfuerzos. Integraría
cada aspecto de sí mismo en su proyecto y alcanzaría una sensación de
resolución y realización en su trabajo.
Se presentarían muchas oportunidades.

LA TIRADA DE LAS OPCIONES: 2

Jackie (21 años) había estado saliendo con su novio Alan desde los 18 años. Se había hecho a la idea de que acabarían casándose. Sin embargo, unas semanas antes de llegar a la lectura, conoció a David. Era unos años mayor que ella, había estado casado y se había divorciado recientemente. Se atrajeron de forma inmediata, lo que confundió a Jackie. No sabía si continuar con su novio o acabar la relación y seguir viendo a David.

	CARTA INICIAL	
1		**1**
2		**2**
3		**3**
PRIMERA OPCIÓN		SEGUNDA OPCIÓN

Resolución
El emperador representa poder, fuerza y estabilidad.

NUEVE DE
ESPADAS

DOS DE ESPADAS

EL SUMO SACERDOTE

EL DIABLO

Estudio práctico

Jackie obtuvo esta tirada de las opciones (ver pág. 184). A la izquierda está la opción de continuar la relación. A la derecha, la de iniciar una nueva relación.

SIETE DE COPAS

DIEZ DE BASTOS

LA ESTRELLA

Lectura de las opciones

Dos hombres

Jackie tenía un dilema. ¿Había dejado que su relación con Alan durara demasiado?

Carta inicial: dos de espadas

Esta carta describía el callejón sin salida en que se encontraba Jackie. Sabía el dolor que le ocasionaría a Alan si acababa su relación. Se enfrentaba a una decisión difícil, pero la honestidad era su mejor política.

Primera opción: continuar su relación con Alan

Carta 1: nueve de espadas

Describía la culpa y corazonada de Jackie sobre acabar su relación con Alan. Su agitación por su reacción le creaba mucha ansiedad y miedo. Era importante para Jackie ser consciente de cuántos sentimientos negativos estaba proyectando a la situación y tratar de obtener una perspectiva más auténtica de sus dudas y miedos. Tal vez cargaba con una culpa de una separación del pasado, ya fuera suya o de sus padres.

Carta 2: El diablo

Esta carta significa sensación de estar atrapada. Jackie se sentía avergonzada de sí misma por sentirse atraída por otro hombre y trataba de luchar para equilibrar sus emociones opuestas. Mientras fuera prisionera de estos poderosos sentimientos, no podría resolver su dilema.

Carta 3: diez de bastos

Describía lo agobiada que se sentía Jackie, lo que acababa por agotarla. Su forma de pensar la retenía y no le permitía avanzar en la vida.

Segunda opción: inicio de una nueva relación con David

Carta 1: El sumo sacerdote

Simbolizaba la presencia de David en la vida de Jackie. Su papel iba a ser el de un mentor o sabio profesor, y Jackie estaba preparada para crecer de forma madura y consciente de sí misma.

Carta 2: siete de copas

Recalcaba que Jackie tenía una decisión en el amor. Mostraba felicidad y realización potenciales en una relación futura con David, pero debía ser totalmente consciente de lo que su decisión conllevaba, así como adoptar una visión realista y práctica en la nueva relación.

Carta 3: La estrella

Concluía la influencia positiva indicada por esta opción. Jackie podía esperar un brillante futuro en cuanto se liberara de remordimientos o culpas. Una nueva vida con David prometía mucho.

LA HERRADURA DE SIETE CARTAS

Esta tirada orienta sobre un problema en concreto. Después de barajar y cortar las cartas, colóquelas en un semicírculo de izquierda a derecha (la primera a la izquierda y la séptima a la derecha). La primera refleja el pasado y su influencia, la segunda, el presente, la tercera, el futuro, la cuarta, la mejor línea de conducta, la quinta, otras personas importantes, la sexta, obstáculos, y la séptima, el resultado. Pueden leerse las cartas como un todo, y no necesariamente por orden.

¿Afortunado o no?
Se pueden aclarar asuntos difíciles mediante la tirada en herradura.

1 *Baraje y corte las cartas antes de disponerlas.*

2 *Coloque las cartas en un semicírculo, de izquierda a derecha.*

3 *Dé la vuelta a las cartas, empezando por la izquierda.*

primera carta

Respuestas de la herradura

Preparación
Coloque las cartas en un semi-círculo para preparar la lectura.

Raramente el tarot ofrece respuestas de sí o no, pero puede indicarle cómo actuar ante una situación. La tirada en herradura a siete cartas es una buena opción cuando el consultante no está seguro de qué hacer ante un problema.

Después de barajar y escoger las cartas, éstas se colocan siguiendo el modelo de la ilustración. La carta 1 revela un aspecto específico del pasado que se relacionará con el problema actual. Tal vez describa sucesos que llevaron a la presente situación, o podría aludir a una situación similar en el pasado y recordarle al consultante la forma de encararla. Incluso si no existe relación alguna entre la situación pasada y el problema presente, esta carta indicará la mejor forma de hacer uso de su experiencia pasada.

La carta 2 refleja el presente e indica lo que preocupa al consultante. Observe esta carta en relación a la primera (el pasado) y la tercera (el futuro) para deducir si las circunstancias mejorarán o empeorarán.

La carta 3 representa el futuro inmediato, y la cuarta indica la mejor línea de conducta para resolver el problema. Observar si de hecho el consultante seguirá ese camino u optará por otra ruta puede valorarse observando esta carta en relación a las cartas 3 y 7. Esto debería arrojar más luz a lo que está influyendo sobre la decisión del consultante.

Cartas 5 a 7

La carta 5 indica si los que rodean al consultante desempeñan un papel de apoyo o ayuda. La carta 6 revela cualquier obstáculo para resolver el problema. El consultante conocerá estos problemas o esta carta le alertará sobre un obstáculo que no haya anticipado. Si se trata de una carta favorable, es más difícil de interpretar y Vd. deberá observar cómo el significado de la carta podría de alguna forma plantear un problema para el consultante.

La carta 7 resume la actitud del consultante hacia la situación en general, o describe la posible línea de conducta que tome. Aunque el número de cada carta indica el orden en que deberían disponerse, podría ser flexible en el orden en que las interpreta. Halle la forma de leer las cartas que más se adecúe a Vd., y valore la relación entre las cartas que le sea más constructiva y reveladora.

LA TIRADA ASTROLÓGICA

Esta tirada es muy útil si se observan las diferentes áreas de la vida de alguien. El significado de las doce categorías es muy similar a las doce casas del horóscopo astrológico. Esta tirada puede leerse de dos formas distintas: para obtener una visión de conjunto de las circunstancias presentes, o como guía del año que está por llegar, donde la primera carta significa el mes actual, la segunda, el mes siguiente. Puede usar sólo los 22 arcanos mayores o toda la baraja. Después de barajar y cortar las cartas, se colocarán en un círculo en dirección contraria a la de las agujas del reloj. Esta tirada fue ideal para Jo (35 años), periodista autónoma. Jo deseaba un mejor entendimiento del modelo de trabajo de su vida.

10 profesión, objetivos, aspiraciones, estatus

9 creencias, educación, y viajes

esperanzas y deseos **11**

intuición inconsciente y habilidades físicas, miedos **12**

8 economía y sexo

asuntos personales **1**

7 relaciones

posesiones y lo valioso para el consultante **2**

6 salud y trabajo

comunicaciones y actividades cotidianas **3**

5 asuntos amorosos, niños, autoexpresión, creatividad, diversión

hogar y familia **4**

EL SOL

SIETE DE
BASTOS

EL SUMO
SACERDOTE

SEIS DE
OROS

EL COLGADO

REINA DE
BASTOS

Estudio práctico

*Jo obtuvo esta tirada astrológica
(ver pág. 192).*

LA MUERTE

DOS DE
OROS

AS DE

TRES DE
ESPADAS

CABALLERO

DIEZ DE
BASTOS

Lectura astrológica: Jo

Periodista
Jo había obtenido recientemente un trabajo bien pagado. Deseaba conocerse más profundamente.

Carta 1: reina de bastos
La reina de bastos reflejaba la personalidad cálida, extrovertida y sociable de Jo. Era muy estimada.

Carta 2: dos de oros
Esta carta sugería que tenía los recursos, tanto emocionales como económicos, para tener éxito en la vida.

Carta 3: as de bastos
Destacaba sus habilidades creativas, y su nuevo trabajo le daba la llave para desarrollar su talento.

Carta 4: tres de espadas
Los diez años de casada de Jo se tambaleaban y ahora una separación parecía inevitable. Esperaba que esto facilitaría el inicio de una nueva relación.

Carta 5: caballero de copas
El espíritu romántico estaba a punto de entrar en su vida, lo que sorprendía a Jo, pues no esperaba enamorarse.

Carta 6: diez de bastos
El mensaje de la carta era que Jo necesitaba tratar los asuntos que la agotaban emocionalmente. Así liberaría su energía, de forma que pudiera aceptar la nueva fase creativa que estaba a punto de empezar en su vida.

Carta 7: La muerte
Claramente anunciaba el final de un ciclo en la vida de Jo y el inicio de otro. Indicaba el final de su matrimonio y prometía una nueva vida, si estaba dispuesta a dejar atrás el pasado.

Carta 8: seis de oros

Sugería que Jo se beneficiaría de la
generosidad de alguien y volvería a
confiar en la vida.

Carta 9: El sumo sacerdote

Representaba sus aspiraciones espirituales e intelectuales, y la necesidad de
explorar nuevas creencias e ideas.

Carta 10: siete de bastos

Se respiraba competencia en el trabajo, lo que le decía que debía explotar
todas sus capacidades y habilidades
para dar prueba de su valor.

Carta 11: El Sol

Tendría la oportunidad de realizar sus
ambiciones. Asimismo sería feliz en
todas sus relaciones personales.

Carta 12: El colgado

Saldrían a la luz miedos sin resolver.
Había alcanzado un punto de inflexión
y debía confiar en que llegaría algo
más valioso a su vida.

EL GOLDEN DAWN

Esta tirada recibió el nombre de una tirada que se usaba en la Orden del amanecer dorado. Es una tirada muy fácil de comprender y ofrece una profunda visión de la situación del consultante. Asimismo describe las distintas opciones que se presentan ante el consultante, así como la mejor línea de conducta. Esta tirada no ofrece un resultado probable, sino que se centra en que el consultante tome su propia decisión.

Amanecer dorado
La Orden del amanecer dorado fue de importancia crucial en el desarrollo del tarot (ver pág. 20).

Sephiroth
El árbol de la vida es una forma simbólica de comprender la relación entre los diez sephiroth.

Alado
El diablo del Tarot New Golden Dawn.

Celestial
El príncipe de espadas del Tarot New Golden Dawn.

Fluyente
El cuatro de copas del Tarot New Golden Dawn.

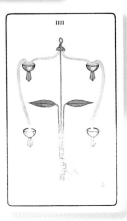

Fiero
El rey de bastos del Tarot New Golden Dawn.

Tirada Golden Dawn

ay tres cartas para cada posición y deben ser interpretadas unas en relación con las otras. Las cartas 1, 2 y 3 describen al consultante: la primera muestra su personalidad o sentimientos actuales y las otras dos, o bien profundizan en esto, o bien revelan algo sobre la situación presente. Las cartas 4, 8 y 12 indican lo que probablemente ocurrirá si el consultante sigue la línea de conducta que

le motiva en este momento. Cada carta mostrará o bien una secuencia de acontecimientos, o bien un aspecto diferente de lo que probablemente sucederá. Vd. deberá decidir cuál es la interpretación más apropiada.

Tomar una decisición

Las cartas 5, 9 y 13 representan líneas de conducta alternativas si el consultante decide hacer caso omiso a las cartas

líneas de conducta
alternativas

| 13 | 9 | 5 |

resultado más probable si
el consultante sigue la misma forma de actuación

| 4 | 8 | 12 |

| 2 |

| 1 | 3 | sentimientos presentes

| 14 | 10 | 6 |

influencias útiles

| 7 | 11 | 15 |

circunstancias fuera del
alcance del consultante

4, 8 y 12. Compare estos dos grupos de cartas para ver cuál es la mejor alternativa.

Las cartas 6, 10 y 14 indican lo que puede ayudar al consultante a tomar una decisión. Podría tratarse de personas útiles o de aspectos de la situación, que deben tenerse en cuenta atentamente antes de tomar la decisión final. Compare estas cartas con lo que se ha comentado para observar si subrayan algo previo o revelan algo nuevo.

Las cartas 7, 11 y 15 muestran aquello que está fuera del alcance del consultante, pero que aún debe tenerse en cuenta al decidir qué hacer. Aunque no pueden modificarse estas circunstancias, aún deben tomarse decisiones en lo que se refiere a la forma en que el consultante se ocupe de ellas.

Colocación

En la tirada Golden Dawn hay tres cartas para cada posición, y cada carta debe interpretarse en relación con las otras dos.

LECTURA DEL GOLDEN DAWN

Alex (21 años) se acaba de licenciar. Sus notas han sido excelentes, y le han ofrecido un trabajo muy bueno, pero anhela viajar durante un año antes de ponerse a trabajar.

TRES DE BASTOS

REY DE BASTOS

LA FUERZA

Tomar una decisión

Alex deseaba ver qué opciones tenía de forma detallado, de forma que la tirada Golden Dawn era la ideal: le ayudaría a elegir la mejor línea de conducta.

LA TORRE

LA JUSTICIA

LA RUEDA DE LA FORTUNA

NUEVE DE BASTOS

CINCO DE OROS

DOS DE ESPADAS

EL DIABLO

CUATRO DE COPAS

CABALLERO DE
ESPADAS

LA LUNA

CINCO DE BASTOS

OCHO DE ESPADAS

Lectura del Golden Dawn: Alex

Carta 1: cuatro de copas
Alex se sentía insatisfecha e inquieta.

Carta 2: La torre
Indicaba la confusión y convulsión de Alex.

Carta 3: caballero de espadas
Aunque Alex estaba confundida, se divisaban nuevas oportunidades.

Carta 4: cinco de oros
Si decidía aceptar el trabajo se sentiría comprometida.

Carta 5: La fuerza
Alex tenía el valor de sus convicciones. Esto la inspiraría.

Carta 6: nueve de bastos
Alex superaría cualquier obstáculo.

Carta 7: La Luna
Se sentía enstusiasmada y determinada, pero existían miedos subyacentes.

Licenciada
Alex esperaba que las cartas arrojaran algo de luz a su deseo de mayor libertad.

Carta 8: dos de espadas
Alex se sentiría atrapada en su trabajo.

Carta 9: rey de bastos
La idea de marcharse le entusiasmaba: estaba preparada para el reto.

Carta 10: La rueda de la fortuna
Se divisaban cambios inesperados.

Carta 11: cinco de bastos
Necesitaba aferrarse a su idea de viajar, pero debía ser realista.

Carta 12: El diablo

Se reforzaba el mensaje del dos de
espadas y sugería que Alex se sentiría
enfadada y frustrada por la situación en
el trabajo.

Carta 13: tres de bastos

A Alex le emocionaba la idea de vivir
una aventura. Tenía el valor de explorar
un lugar nuevo.

Carta 14: La justicia

Alex debía considerar sus opciones
atentamente. Era importante mantener
el valor de sus convicciones y adoptar
una perspectiva racional y equilibrada.

Carta 15: ocho de espadas

Alex ansiaba liberarse, pero el miedo a
equivocarse y poner en peligro su futuro
la refrenaban. Debía hacer frente a los
que se oponían, pero, lo que era más
importante, a los aspectos de ella misma que la socavaban. Entonces podría
tomar una decisión.

Símbolo antiguo
La cruz celta, el símbolo e inspiración de esta tirada de tarot.

LA CRUZ CELTA: 1 La cruz celta es una de

las tiradas más conocidas y populares de tarot porque ofrece una excelente visión general de la situación del consultante. Puede usarse con toda la baraja o sólo con los 22 arcanos mayores. Es una tirada muy buena para situaciones en general, así como para responder a una pregunta en concreto.

Joven
El caballero suele usarse para significar a un joven adulto de ambos sexos.

Cortés
Tradicionalmente se usaba una figura en la cruz celta para representar al significador.

Significador

Al determinar qué palo usar para el significador, puede usar o bien el elemento que pertenece a su signo solar, o bien basar la elección en su carácter.

Si una mujer consulta las cartas suele elegirse la reina como significador.

Tirada de la cruz celta

Desde que Arthur Waite representara la cruz celta en las *Claves del Tarot*, casi todos los libros de tarot incluyen una versión. Su enorme popularidad entre los lectores de tarot puede deberse al hecho de que trabaja muchos niveles diferentes y está abierta a una gran varidad de interpretaciones. Además de tratar las esperanzas y miedos del consultante, también ofrece aspectos de la naturaleza y las circunstancias del consultante, de las que quizá no es del todo consciente. Estas revelaciones permiten al consultante comprender el papel que desempeñan en el desarrollo de su propia situación y destino. El elemento predictivo de la tirada indica lo que probablemente ocurrirá, pero, como ya sabemos, las cartas ni predicen ni pueden predecir un futuro fijo o predestinado. Nuestro futuro se modela según vivimos nuestra vida diaria.

Círculo y cruz

La cruz celta está formada por dos partes, que se asemejan a las dos partes

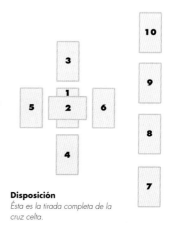

Disposición
Ésta es la tirada completa de la cruz celta.

de la cruz con pie, bien conocida en Irlanda. La cruz con pie incorpora un círculo y una cruz en la parte superior.

Disposición de las cartas

Después de barajar y cortar las cartas, se dispondrán de la siguiente forma. Coloque la carta 1 (la posición del presente del consultante) sobre la mesa. La carta 2 (influencias inmediatas) formará una cruz encima da la carta 1. La carta 3 (lo más manifiesto en la vida del consultante) debería colocarse sobre las cartas 1 y 2, y la carta 4 (la raíz de la lectura), debajo. Coloque la carta 5 (influencias pasadas) a la izquierda de las cartas 1 y 2, y la carta 6 (influencias futuras), a la derecha. Ya ha formado la cruz.

Construya una línea vertical a la derecha de la cruz con las cuatro cartas restantes, empezando por abajo, con la carta 7 (imagen de sí mismo), la carta 8 (influencias externas), la carta 9 (esperanzas y miedos), y la carta 10 (el resultado).

Algunas barajas incluyen una tela, normalmente negra, para preteger las cartas, con la disposición de las cartas ya dibujada en la tela. De esta forma la disposición de la tirada se convierte en tarea fácil.

Suficiente espacio

Si va a realizar la lectura en una mesa, asegúrese de que tiene mucho espacio, de forma que pueda disponer las cartas de la forma correcta.

Propósitos de la cruz
*El as de espadas del Tarot
New Golden Dawn.*

LA CRUZ CELTA: 2 Se colocan dos cartas en el centro; la segunda carta atraviesa la primera, representando las influencias inmediatas. A continuación se forma una cruz con las cartas 3, 4, 5 y 6. Se construye una segunda cruz vertical, que representa la cruz recta. Se coloca a la derecha y contiene cuatro cartas.

Carta 1
*El Sol indica la posición
presente del consultante.*

Carta 2
*El nueve de bastos representa
influencias inmediatas.*

Fase 1

La cruz formada por las cartas 1 y 2, y el círculo formado por las cartas 3, 4, 5 y 6 representan la primera fase de la cruz celta.

DIEZ DE OROS

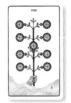

NUEVE DE OROS

OCHO DE COPAS

DIEZ DE COPAS

NUEVE DE ESPADAS

CINCO DE BASTOS

CUATRO DE COPAS

DOS DE OROS

La cruz celta: una tirada

Luz del sol
*El Sol es una de las cartas más
favorables del tarot y denota
alegría y realización.*

Carta 1: El Sol

Denota un momento de curación,
bienestar, confianza en sí mismo
y entusiasmo por la vida. Expresa esperanza, optimismo, creatividad,
individualidad, revelación y propósito.

Carta 2: el nueve de bastos

Indica un obstáculo que debe superarse
antes de alcanzar el objetivo final. La
determinación y la fe de su intuición
dotará al consultante para alcanzar
todo aquello que se haya propuesto.

Carta 3: diez de oros

Describe una vida feliz con sensación
de seguridad emocional y material.
Personifica la alegría proviniente de
una vida familiar feliz.

Carta 4: cuatro de copas

El consultante ha necesitado un período
de soledad para recargar las pilas tras
enfermedad o estrés laboral.

Carta 5: ocho de copas

Describe una convulsión emocional en
la vida del consultante, que lo ha podido haber dejado desanimado y
desilusionado, pero no puede tener
lugar ningún cambio positivo hasta que
se abandone el pasado.

Carta 6: diez de copas

Se realizará un deseo muy esperado y
un acontecimiento feliz como una boda
o el nacimiento de un bebé.

Carta 7: dos de oros

Capacidad y vigor emocional y físico
para lograrlo todo.

Carta 8: cinco de bastos

Describe competencia con los demás y
someter a prueba las habilidades de
uno. Existen obstáculos que superar y el
consultante deberá ser paciente y creer
que puede salir victorioso.

Carta 9: nueve de espadas

Sugiere que los miedos y ansiedades
arraigados están creando una gran
sensación de presagio. Si se destapa
la raíz de estos miedos los liberará.

Carta 10: nueve de oros

El resultado de la lectura es extremadamente positivo y sugiere que el
consultante se sentirá orgulloso y realizado por lo que ha alcanzado. Ha
trabajado duro para lograr una sensación de autoestima que no depende
de nada ni de nadie.

Preguntas concretas

A diferencia de otras tiradas, la cruz celta
puede responder a preguntas concretas, así
como ofrecer al consultante una visión general
de una situación en particular.

LA CRUZ CELTA: 3

Se disponen todas las cartas según el modelo de la tirada de la cruz celta y puede pasarse a su interpretación. Aunque cada carta tiene una posición determinada y será interpretada según el significado de dicha posición, es importante sintetizar todas las cartas en un todo con significado.

Fase 1

El círculo y la cruz representan la primera parte de la cruz celta.

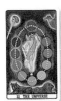

El mundo
En la posición 10 esta carta denota logro.

El emperador
En la posición 9 significa autoestima y éxito.

La fuerza
En la posición 8 representa confianza en uno mismo y deseo de tener éxito.

El sumo sacerdote
En la posición 7 simboliza un profesor espiritual o mentor.

Soberbio
El emperador significa poder mundano.

Caso práctico: Kate

Problemas laborales
Kate deseaba una lectura por una crisis de confianza debida a las exigencias de su nuevo empleo.

Carta 2: El mago
Sugería que aún no era consciente de su talento y sus dones. Necesitaba tomar una decisión positiva, a fin de desarrollar su confianza y potencial.

Carta 3: as de espadas
Anunciaba que Kate podía obtener una clara perspectiva de lo que le impedía creer en sí misma y tomar las medidas para vencerlo. Estaba a punto de tener lugar un cambio de actitud.

Carta 4: El carro
Describía la crisis de confianza de Kate cuando se le ofreció el trabajo y dudaba si aceptarlo.

Carta 5: La sacerdotisa
La oportunidad de estar más en contacto con su intuición le ayudaría a comprenderse mejor.

Carta 6: La justicia
Describía la decisión que Kate debía tomar en relación a la oferta laboral. Había medido los pros y los contras, y

Poco después de licenciarse, Kate (21 años) encontró el trabajo de su vida. Tras unos meses, dudaba seriamente si estaba capacitada. La lectura fue particularmente significativa, ya que contenía nada menos que 7 arcanos mayores.

Carta 1: siete de oros
Esta carta afirmaba los logros de Kate y subrayaba el revés actual. Tenía el poder de salir exitosa de la situación si creía más en sí misma y trabajaba su autoestima.

alcanzado una decisión equilibrada sin
que la sacudieran emociones opuestas.

Carta 7: El sumo sacerdote

Reflejaba el hecho de que Kate sintiera
la necesidad de dirigirse a alguien que
pudiera orientarla y apoyarla.

Carta 8: La fuerza

Los compañeros de Kate reconocían su
fuerza y lo talentosa que era.

Carta 9: El emperador

Indicaba que cuando dejara de lado
sus dudas sobre sí misma, alcanzaría
cosas importantes en la vida.

Carta 10: El mundo

El resultado de la lectura apuntaba a
todo lo que Kate sería capaz de lograr.
Obtendría mucho conocimiento de sí
misma y confianza en sí misma, se
empezaría a aceptar a sí misma y se
sentiría orgullosa de sus logros.

DESARROLLO PERSONAL

Los diversos temas, imágenes y símbolos del tarot fomentan la meditación y un mayor descubrimiento de nosotros mismos. Una meditación visualizada explora en la mente inconsciente y crea imágenes mentales espontáneas. Nuestra respuesta a esas imágenes puede ser reveladora y sacar a la luz aspectos escondidos de nuestra personalidad. Cuando nos conectamos con esta conciencia nueva, puede actuar como chispa de nuestro crecimiento y desarrollo futuros y aportarnos una sensación más profunda y significativa de quiénes somos y qué trata de destaparse en nuestras vidas en un momento dado.

La estrella

Significa esperanza y fe en un futuro más brillante.

Diez de copas

Simboliza felicidad, alegría y la realización de un deseo muy esperado.

Es una buena idea tener un diario de tarot donde se anoten revelaciones, sensaciones y comprensión de las cartas y las tiradas en general. Un diario le ayuda a desarrollar una mayor conciencia de sí mismo a través de su creciente relación con las cartas.

Visualización

Visualizar las cartas durante la meditación ayuda a crear una relación dinámica con las imágenes y el simbolismo.

Crea imágenes mentales espontáneas.

Da vida a las cartas.

Nueve de bastos

Representa el valor y la determinación para superar cualquier obstáculo.

GLOSARIO

Adivinación Método para adquirir conocimiento no disponible por medios ordinarios.

Aleister Crowley Miembro de la Orden hermética del amanecer dorado. La abandonó en 1905 y formó su propia orden, Argenteum Astrum. Crowley fue un gran devoto de lo oculto y publicó el *Libro de Thoth*, junto con Lady Frieda Harris, en 1944.

Alquimia Ciencia antigua que trataba de convertir metales base en oro. En otro nivel se entendía como búsqueda de transformación personal.

Anima Imagen interior inconsciente de lo femenino que lleva un hombre. Significa alma.

Animus Imagen interior inconsciente de lo masculino que lleva una mujer. Significa respiración, viento o espíritu.

Árbol de la vida De la ideología cabalista. Este diagrama visual es una forma simbólica de comprender la relación entre los diez *sephiroth*.

Arcano Del latín *arcanum*, que significa secreto o misterio.

Arcanos mayores Las 22 cartas que representan los sucesos de la vida y los asuntos espirituales más importantes.

Arcanos menores Los cuatro palos del tarot. Cada palo contiene cartas numeradas del as (cero) al diez, así como el paje, caballero, reina y rey.

Arquetipo Modelo universal que existe en todos y en todas las culturas y períodos de la historia.

Baraja Rider-Waite Baraja de tarot más conocida, diseñada por Arthur Edward Waite y Pamela Colman Smith.

Bastos Palo de los arcanos menores asociado con el elemento del fuego, y relacionado con energía, entusiasmo y acción.

Cábala Enseñanzas místicas judías a partir de las cuales se cree que proviene el tarot.

Carl Jung Psicólogo suizo que creó el principio de sincronicidad, que propone que todo lo que hay en el mundo está conectado.

Cartas invertidas Forma opcional de leer las cartas en una posición invertida. Cambia el significado de la carta y dota a cada carta de más alcance interpretativo.

Cartomancia Uso de las cartas para la adivinación.

Consultante Persona que desea la lectura de tarot.

Copas Uno de los cuatro palos de los arcanos menores asociado con el elemento del agua y relacionado con amor, sentimientos y sueños.

Cruz celta Tirada más conocida que refleja la vida tanto en un nivel arquetípico como ordinario.

Dualismo Idea de que el universo está compuesto por opuestos. Algunas personas creen que el objetivo del tarot es resolver estos conflictos aparentes.

Elementos Cualidades fundamentales de la existencia. En el tarot y la astrología son: fuego, agua, aire y tierra.

Esoterismo Enseñanzas espirituales y escondidas.

Espadas Palo de los arcanos menores asociado al elemento del aire, y relacionado con asuntos mentales e intelectuales.

Figuras El paje, el caballero, el rey y la reina.

I Ching Libro y método de adivinación chino.

Lector Persona que dispone las cartas de tarot y las interpreta.

Libro de Thoth Nombre de la baraja de tarot diseñada por Aleister Crowley.

Meditación Forma de calmar la mente y el cuerpo para aumentar la conciencia espiritual.

Numerología Estudio de los números y cómo se relacionan con nuestras vidas. Está estrechamente vinculada al tarot y la astrología.

Runas Antiguo método de adivinación noruego.

Orden hermética del amanecer dorado
Sociedad esotérica de finales del siglo XIX que creía que la astrología, alquimia, adivinación, numerología y cábala pertenecían a un sistema esotérico del que el tarot era el elemento central.

Oros Palo de los arcanos menores asociado al elemento de la tierra y relacionado con asuntos económicos y materiales.

Palos Las cuatro secciones de los arcanos menores. Cada palo representa diferentes cualidades y se relaciona con uno de los cuatro elementos.

Sephiroth Los diez círculos de energía divina que forman el Árbol de la vida.

Significador Carta escogida por el lector de tarot para representar al consultante.

Sincronicidad Teoría postulada por Carl Jung que todo en el mundo está conectado.

Tarocco Juego de cartas a partir del cual se cree que se desarrolló la baraja de tarot. En este juego italiano se usaba la baraja de 78 cartas.

Tarot de Marsella Baraja de tarot clásica que data del siglo XVI. Influyó mucho en el diseño de cartas.

Tirada Las diferentes formas en que se disponen las cartas para una lectura.

Torá Libro sagrado judío.

Triunfos Las cartas de los arcanos mayores numeradas del 1 al 21, más la del Loco, no numerada.

Yin y Yang Principios opuestos de lo masculino y lo femenino.

OTROS TÍTULOS DE ESTA SERIE:

SOLO € 4.99

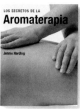

Aromaterapia
Jennie Harding
ISBN 3-8228-2485-2

Quiromancia
Peter West
ISBN 3-8228-2525-.

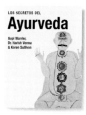

Ayurveda
Gopi Warrier, Dr. Harish
Verma & Karen Sullivan
ISBN 3-8228-2491-7

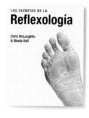

Reflexología
Chris McLaughlin &
Nicola Hall
ISBN 3-8228-2488-7

Qi Gong
Angus Clark
ISBN 3-8228-2497-6

Reiki
Anne Charlish &
Angela Robertshaw
ISBN 3-8228-2500-X

Shiatsu
Cathy Meeus
ISBN 3-8228-2494-1

Sueños
Caro Ness
ISBN 3-8228-2479-8

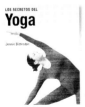

Yoga
Jennie Bittleston
ISBN 3-8228-2505-9

DIRECCIONES DE INTERÉS

Consultas esotéricas. Lectura de tarot, adivinación, magias, chat privado con profesional del tarot
http://www.auraonline.com
Telf. Tarot Aura: 906 42 14 00

Lecturas e historia del tarot
http://www.cafetarot.com

Lecturas automáticas y personalizadas de tarot, numerología y asesoría en rituales con velas
http://www.celtarot.com

Cofres para tarot, para el dinero, amuleto hebreo negocio, oración personal, runas, talismanes, con 25 años de experiencia.
http://www.gezil.com

Alternativas de autodescubrimiento y transformación personal: tarot, astrología, meditación, visualización creativa, contacto angélico y chamanismo. Artículos y meditaciones on line
http://www.astroser.com.ar

Consultas de tarot
http://www.expage.com
Telf. 90 642 46 02

Adivinación con tarot y cartas, consultas on-line
http://www.hispatarot.com
infofuturo@infofuturo.com
kashmir@hispatarot.com

Consultas con I-ching, runas, tarot y numerología.
http://www.lauramaria.com

Servicio interactivo y personalizado de lecturas del tarot en vivo y por correo electrónico.
http://www.lecturadeltarot.com

Lecturas de tarot, asesorías y rituales personales, artículos y cursos de Feng-Shui y Reiki.
http://www.ubicala.com /horoscopo.html
lamagiadeatenea@cantv.net

Historia del tarot y metodología
http://www.ocionet.com/tarot.htm
tarot@ocionet.com

Tarot en línea. Interpretación de los arcanos mayores, de sueños, horóscopo, remedios herbolarios.
http://www.territorioclan.com/tarot

Lectura del tarot por email, extendida a otros métodos esotéricos: vidas pasadas, quiromancia y mentalismo.
http://www.jfinternational.com
/adv/princ_s%EDquicas.html

El tarot restaurado después de varios siglos por Camoin y Jodorowsky. Artículos sobre la tradición, la historia y tarots antiguos. Ofrece tienda virtual, enseñanza y lecturas
http://www.camoin.com/tarot_es
/index.htm

Consulta de tarot por email sobre amor, dinero y salud
http://www.zetatop.com/estelar
/lestelar@megasitio.com

Se enseña a echar las cartas de tarot y a interpretarlas
http://www.talisman.net/sarena/
Sarena@talisman.net

Información y noticias. Horóscopos, tarot y predicciones
http://www.rumoreslatinos.com

ÍNDICE

a

adivinación 8–9, 142
agua 170, 172–173
aire 170, 172–173
Amanecer dorado 20, 22, 25, 26, 28
anima 174–177
animus 174–177
Árbol de la vida 20, 21, 109
arcanos mayores 14, 16–17, 20–21, 25, 36–37, 82–83, 158, 202
arcanos menores 14–17, 25, 36–37, 84–85, 170–173
Argenteum Astrum 20
astrología 20, 29

b

barajar 37, 150–151
barajas 18–19, 22–23, 24–27
bastos 15, 16, 17, 37, 84, 172–173

c

cábala 20, 109
caballero 16, 84
Carro 50–53, 168, 212
cartas invertidas 29, 37, 152
cartas numeradas 16, 37
Colgado 62–64, 193

consultante 16, 34, 36–38, 142, 146–149
consultas 144–145
copas 15, 16, 17, 37, 84, 172–173
cristales 30, 145
Crowley, A. 20, 25
cruz celta 202–213

d

Diablo 13, 66–69, 184, 201
diarios 215

e

Edad Media 13
elementos 170, 172–173
Emperador 46–48, 213
Emperatriz 42–45, 168
Enamorados 18–19, 50–52, 160–161
Ermitaño 54–57, 160, 180
espadas 15, 16, 17, 37, 85, 172–173
Estrella 70–71, 73, 151, 185, 214

f

femenino 16–17
figuras 16, 37, 84
Fortuna 58–61, 156, 200
fuego 170, 172–173
Fuerza 20, 58–60, 160, 200, 213

h

Harris, F. 25

i

incienso 28, 32, 144
intuición 10, 24, 26, 30

j

Juicio 78–80
Jung, C. 8, 174
Justicia 20, 54–56, 201, 213

l

lecturas
  tirada astrológica 190–193
  cruz celta 208–209, 212–213
  tirada Golden Dawn 198–201
  tirada jungiana 175–177
  tirada a nueve cartas 162–169
  tirada de las opciones 178–185
  tirada a seis cartas 158–161
  tirada a tres cartas 154–157
Libro de Thoth 25
Loco 16, 20, 21, 38, 40, 176
Luna 74–76, 177, 200